일본 최대의 무카와룡 — 전신 골격 화석을 발견하다!

2017년 4월, 놀라운 뉴스가 발표되었다. 홋카이도 무카와에서 2013년부터 2014년까지 2년에 걸쳐 발굴 조사를 했던 화석이 일본 최대 공룡의 전신 화석임이 밝혀졌다. 이 공룡에게 '무카와룡'이라는 이름을 붙였다. 식물을 먹는 하드로사우루스과(→P220)에 속하며, 입부터 꼬리 끝까지 8m나 되었다.

- 2003년, 처음으로 발견된 꼬리뼈
- 꼬리뼈 (다수 발견)
- 우측 정강이뼈와 종아리뼈
- 발가락뼈 (다수 발견)
- 우측 넙다리뼈
- 발허리뼈
- 좌측 정강이뼈
- 이 장소에서도 다수의 뼈가 발견되었다.

사진 제공 : 무카와 정 호베쓰박물관

발굴 현장

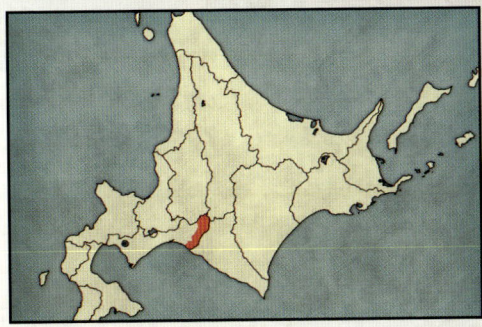

발견된 장소는 무카와 정 호베쓰

무카와 정의 호베쓰 지구에는 백악기 바다 지층인 에조 층군이 땅 밖으로 나와 있는데, 이곳에서 '무카와룡'을 발견했다.

이것이 무카와룡의 전신 골격이다!

돌 안에 묻혀 있는 화석은, 드릴 등으로 조심스럽게 깎아 내어 처음 뼈 모양으로 만든다. 이 작업을 '클리닝'이라고 한다. 무카와룡 화석은 발견된 개수가 많아 클리닝 작업에만 2300일 이상 소요했다.
이미 전신의 반 이상의 뼈가 클리닝 작업을 마쳤으며, 일본에서 발견한 공룡 중 온몸의 뼈가 반 이상 발견된 사례는 오래전 일본령 가라후토(남부 사할린)의 니폰노사우루스, 후쿠이현 가츠야마 시의 후쿠이베나토르, 두 종밖에 없었다.

뼈를 맞춘 상태

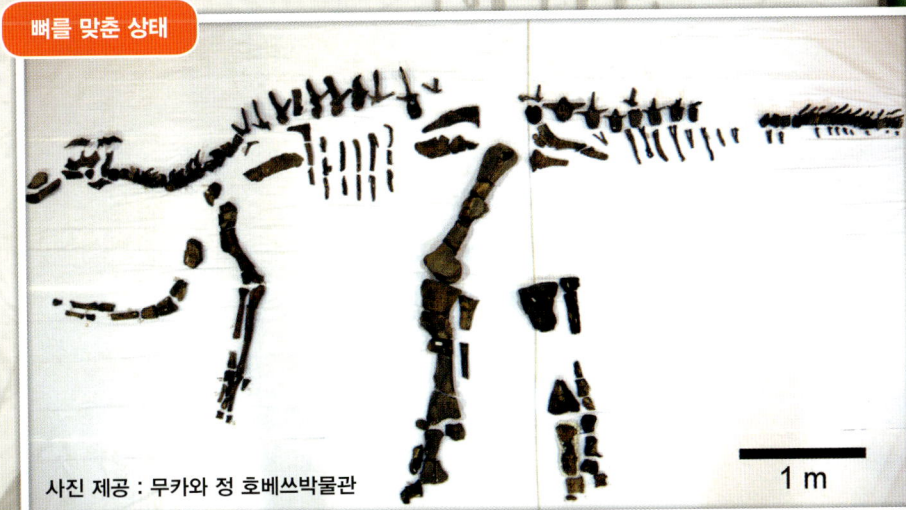

사진 제공 : 무카와 정 호베쓰박물관

1 m

무카와룡의 화석을 맞춘 것. 온몸의 반 이상의 뼈를 클리닝했다. 머리 뒷부분 화석은 아직 발견하지 못했는데, 파라사우롤로푸스처럼 볏이 있었을 가능성이 있다.

무카와룡이 살아 있을 때의 모습

무카와룡

몸길이	먹이	시대
8m	식물	백악기 후기

홋카이도 무카와 정에서 발견한 하드로사우루스과(→P220) 중 하나다. 파라사우롤로푸스(→P218) 등과 마찬가지로 입안에 꽉 들어찬 가는 이빨로 식물을 으깨 먹었던 것으로 보인다. 아직 정식 이름이 없어, 무카와룡이라고 부른다.

공룡은 어떤 생물일까?

익룡은 공룡이 아니다

공룡은 파충류의 일종이다. 몸집이 큰 개체가 많지만, 대형 파충류를 모두 공룡이라고 부르지는 않는다. 파충류가 진화를 거듭하던 트라이아스기 후기인 약 2억 3000만 년 전에 나타난 작은 파충류의 자손을 공룡이라고 부른다.

공룡들은 각각 다른 조상이 있으며, 프테라노돈(→P122) 같은 익룡이나 이크티오사우루스(→P236) 같은 어룡, 엘라스모사우루스(→P228) 같은 수장룡은 공룡에 포함시키지 않는다. 단, 이 책에서는 공룡뿐만 아니라 대형 파충류를 포함한 고생물도 소개하고 있다.

익룡

커다란 날개로 하늘을 날아다니던 파충류. 공룡에 가까운 그룹이라고 추측하고 있다.

프테라노돈

수장룡

발이 지느러미로 변한 바다의 파충류다. 목이 긴 개체가 많다. 도마뱀이나 뱀에 가까운 그룹이라고 추정하고 있다.

엘라스모사우루스

공룡이 새가 되었다

공룡은 백악기가 끝날 무렵 멸종했지만, 그중 일부는 모습을 바꾸며 살아남았다. 이들이 바로 새와 같은 동물이다. 벨로키랍토르(→P206)에 가까운 공룡부터 새로 진화했다. 날지 못하던 원시적인 새는 이미 쥐라기 때부터 나타났지만, 당시에는 소규모 그룹에 지나지 않았다. 이들이 백악기 말의 대멸종 시기를 거치며 공룡이 사라진 세상에서 폭발적으로 진화한 셈이다.

미크로랍토르

백악기 전기의 벨로키랍토르와 친척뻘이다. 이 그룹 중에는 깃털이 발달해 날개를 펴서 날아다니던 종류도 있었다.

에피덱시프테릭스

쥐라기 중기에 나타난 것으로 보이며, 가장 원시적인 새다. 깃털은 있지만, 날개는 없었다.

시조새

쥐라기 후기에 나타난 새의 일종. 혹은 드로마에오사우루스에 가까운 동종이라고 생각하고 있다. 날개가 있어 날기도 했지만, 현재 존재하는 새의 직접적인 조상은 아니다.

공룡은 모두 몇 종류일까?

대략 1만 종이 있었을 것으로 추정하지만, 현재까지 발견한 것은 약 540종이다.
고생물학자들은 이들이 중생대(→P88) 트라이아스기 후기(약 2억 3000만 년 전)에 나타난, 작은 몸집에 두 발로 걸어 다닌 육식 공룡의 자손이라고 추정한다. 트라이아스기 공룡은 아직 그 종류가 적고 몸집도 작아 그다지 눈에 띄지 않았지만, 쥐라기에 접어들면서 단숨에 다양한 무리로 나누어졌다. 백악기에는 몸집이 커진 개체가 늘어나면서 지구의 지배자로 군림했다.

공룡과 파충류의 관계

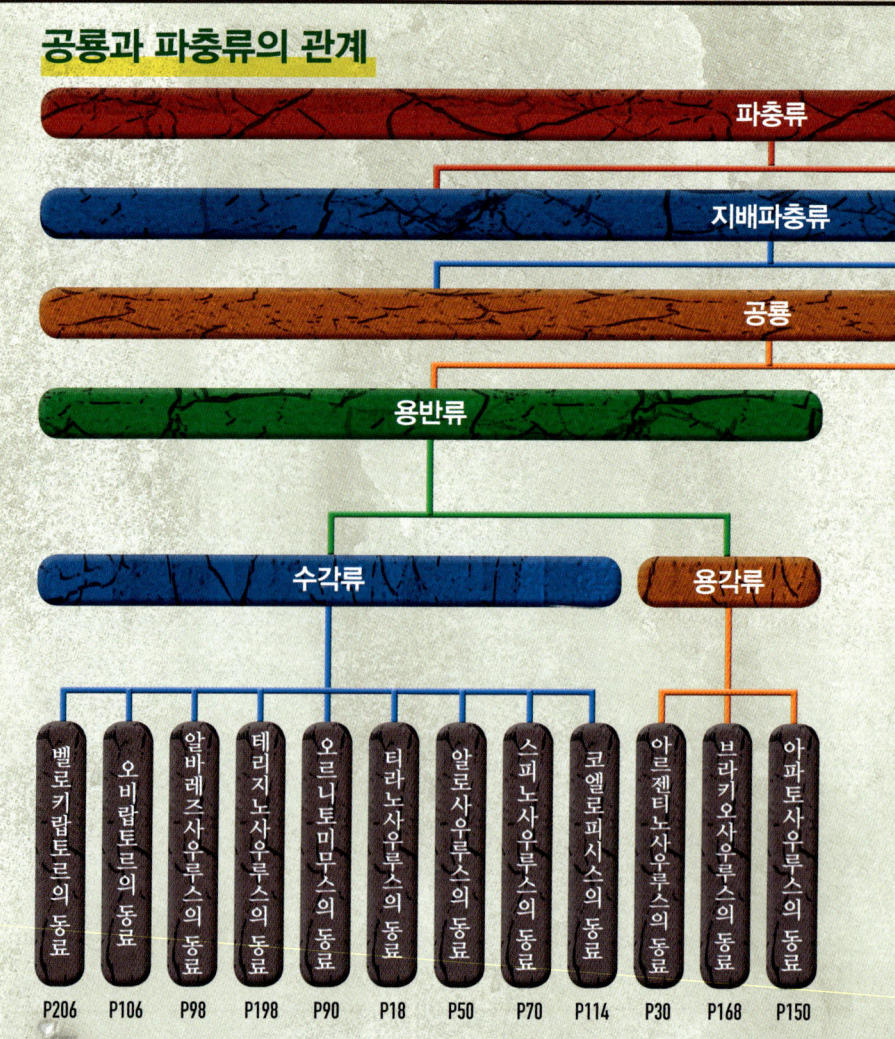

공룡이 멸종한 이유

공룡이나 도마뱀을 포함한 파충류가 나타난 건 고생대 석탄기 후반(약 3억 년 전)이라고 추측한다.
파충류는 중생대 내내 번영했지만, 공룡·익룡·수장룡·어룡은 약 6600만 년 전인 백악기 말에 멸종하고 말았다. 그 이유는 거대한 운석의 낙하 때문인 것으로 알려져 있다. 운석이 충돌해 지구 전체가 먼지로 뒤덮여 태양마저 가리고 말았다. 그 탓에 식물이 말라 죽어, 몸집이 큰 공룡은 살아남을 수 없었던 것으로 보인다.

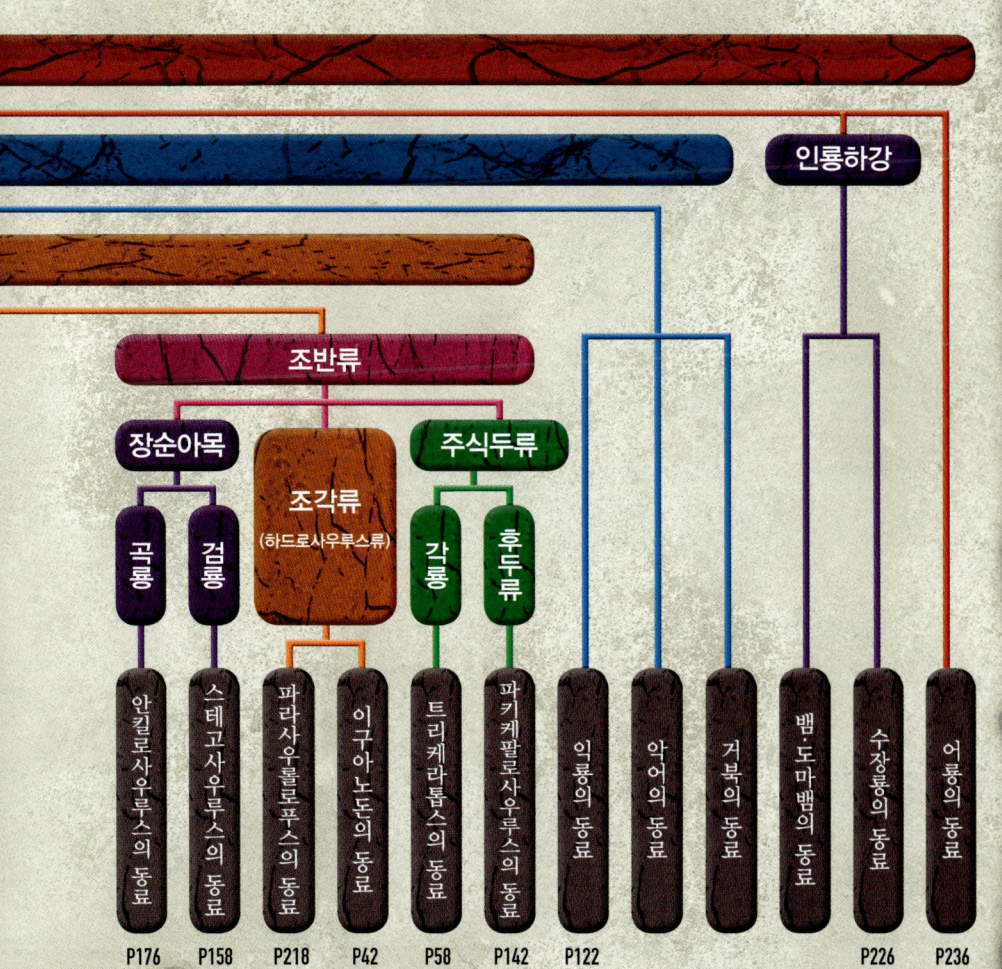

목차

특집 : 일본 최대의 전신 골격 화석을 발견하다!
무카와룡 ·················· 2
알고 싶어! 공룡은 어떤 생물일까? ···· 6
이 책을 보는 법 ············· 15

1 파워 타입 17

티라노사우루스 18
티라노사우루스의 비밀 ······ 18
동료 ···················· 20
타르보사우루스, 알베르토사우루스,
고르고사우루스, 다스플레토사우루스
신체 비밀을 파헤친다 ········ 22
가상 배틀 ① vs 송화강 매머드 ···· 26
가상 배틀 ② vs 인드리코테리 ···· 28

아르젠티노사우루스 30
아르젠티노사우루스의 비밀 ···· 30
동료 ···················· 32
티타노사우루스, 살타사우루스,
말라위사우루스, 암펠로사우루스
신체 비밀을 파헤친다 ········ 34
가상 배틀 ③ vs 흰수염고래 ····· 38
가상 배틀 ④ vs 마멘키사우루스 ··· 40

이구아노돈 42
이구아노돈의 비밀 ·········· 42
동료 ···················· 44
힙실로포돈, 후쿠이사우루스, 알티리누스,
오우라노사우루스
신체 비밀을 파헤친다 ········ 46
가상 배틀 ⑤ vs 스밀로돈 ······ 48

알로사우루스 50
알로사우루스의 비밀 ········· 50
동료 ···················· 52
기가노토사우루스, 양추아노사우루스,
후쿠이랍토르, 콘카베나토르
신체 비밀을 파헤친다 ········ 54
가상 배틀 ⑥ vs 티라노사우루스 ·· 56

트리케라톱스　58

트리케라톱스의 비밀 ······· 58

동료 ························· 60
프로토케라톱스, 센트로사우루스,
스티라코사우루스, 코스모케라톱스

신체 비밀을 파헤친다 ······· 62

가상 배틀 ⑦ vs 엘라스모테리움 ··· 66

가상 배틀 ⑧ 나수토케라톱스 vs 오로크스 ·· 68

스피노사우루스　70

스피노사우루스의 비밀 ······ 70

동료 ························· 72
수코미무스, 이리타토르, 바리오닉스,
이크티오베나토르

신체 비밀을 파헤친다 ······· 74

가상 배틀 ⑨ vs 알로사우루스 ···· 76

특집 파워 파이터　78

디메트로돈 ··············· 78
둔클레오스테우스, 살코수쿠스,
메갈로돈, 바다전갈 ············ 80

가상 배틀 ⑩ 살코수쿠스 vs 둔클레오스테우스 · 82

가상 배틀 ⑪ vs 티타노보아 ······ 84

2 스피드 타입　89

오르니토미무스　90

오르니토미무스의 비밀 ······ 90

동료 ························· 92
스트루티오미무스, 시노르니토미무스,
데이노케이루스, 펠레카니미무스

신체 비밀을 파헤친다 ······· 94

가상 배틀 ⑫ vs 치타 ··········· 96

알바레즈사우루스　98

알바레즈사우루스의 비밀 ···· 98

동료 ························ 100
모노니쿠스, 케라토니쿠스,
슈부이아, 린허니쿠스

신체 비밀을 파헤친다 ······ 102

가상 배틀 ⑬ vs 큰개미핥기 ····· 104

오비랍토르　106

오비랍토르의 비밀 ········· 106

동료 ························ 108
기간토랍토르, 카우딥테릭스,
키로스테노테스, 키티파티

신체 비밀을 파헤친다 ······ 110

가상 배틀 ⑭ vs 타조 ·········· 112

11

프테라노돈 — 122

- 프테라노돈의 비밀 ········· 122
- 동료 ····················· 124
  - 케찰코아틀루스, 디모르포돈, 람포린쿠스, 프테로닥틸루스
- 신체 비밀을 파헤친다 ········ 126
- 가상 배틀 16 VS 라텔 ········ 128
- 가상 배틀 17 VS 부채머리수리 ··· 130

코엘로피시스 — 114

- 코엘로피시스의 비밀 ········ 114
- 동료 ····················· 116
  - 딜로포사우루스, 리리엔스터누스, 크리올로포사우루스, 고지라사우루스
- 신체 비밀을 파헤친다 ········ 118
- 가상 배틀 15 VS 자이언트 모아 ··· 120

특집 스피드 파이터 — 132

- 시조새 ··················· 132
- 에피덱시프테릭스, 레페노마무스, 메가네우라, 클라도셀라케 ····· 134
- 가상 배틀 18 VS 메가네우라 ··· 136

3 가드 타입 — 141

파키케팔로사우루스 — 142

- 파키케팔로사우루스의 비밀 ··· 142
- 동료 ····················· 144
  - 프레노케팔레, 호마로케팔레, 스테고케라스
- 신체 비밀을 파헤친다 ········ 146
- 가상 배틀 19 VS 큰뿔야생양 ··· 148

아파토사우루스 — 150

- 아파토사우루스의 비밀 ······ 150
- 동료 ····················· 152
  - 디플로도쿠스, 아마르가사우루스, 니제르사우루스, 수퍼사우루스
- 신체 비밀을 파헤친다 ········ 154
- 가상 배틀 20 VS 알베르토사우루스 ····· 156

스테고사우루스　158

- 스테고사우루스의 비밀 ····· 158
- 동료 ···················· 160
  켄트로사우루스, 다켄트루루스,
  투오지앙고사우루스, 우에르호사우루스
- 신체 비밀을 파헤친다 ········ 162
- 가상 배틀 21 vs 호랑이 ········· 164
- 가상 배틀 22 vs 알로사우루스 ··· 166

브라키오사우루스　168

- 브라키오사우루스의 비밀 ····· 168
- 동료 ···················· 170
  사우로포세이돈, 기라파티탄,
  카마라사우루스
- 신체 비밀을 파헤친다 ········ 172
- 가상 배틀 23 vs 레페노마무스 ··· 174

안킬로사우루스　176

- 안킬로사우루스의 비밀 ····· 176
- 동료 ···················· 178
  에우오플로케팔루스, 피나코사우루스,
  사우로펠타, 가르고일레오사우루스
- 신체 비밀을 파헤친다 ········ 180
- 가상 배틀 24 vs 가스토르니스 ··· 182
- 가상 배틀 25 vs 도에디쿠루스 ··· 184

특집 가드 파이터　186

- 아르케론 ················ 186
- 헤노두스, 파라독시데스, 프테라스피스,
  암모나이트 ·············· 188
- 가상 배틀 26 카메로케라스 vs 대왕문어 · 190
- 가상 배틀 27 vs 팔레오파라독시아 ··· 192

4 테크닉 타입　197

테리지노사우루스　198

- 테리지노사우루스의 비밀 ····· 198
- 동료 ···················· 200
  알사우루스, 에를리코사우루스,
  난쉉고사우루스, 노트로니쿠스
- 신체 비밀을 파헤친다 ········ 202
- 가상 배틀 28 vs 메가테리움 ······ 204

벨로키랍토르　206

- 벨로키랍토르의 비밀 ········ 206
- 동료 ···················· 208
  데이노니쿠스, 드로마에오사우루스,
  미크로랍토르, 유타랍토르
- 신체 비밀을 파헤친다 ········ 210
- 가상 배틀 29 vs 일본사슴 ······· 212
- 가상 배틀 30 vs 불곰 ·········· 214
- 가상 배틀 31 vs 델타테리듐 ····· 216

이크티오사우루스 236
이크티오사우루스의 비밀 ·· 236
동료 ························ 238
스테노프테리기우스, 쇼니사우루스,
옵탈모사우루스, 킴보스톤딜루스
신체 비밀을 파헤친다 ········ 240
가상 배틀 35 VS 모사사우루스 ··· 242
가상 배틀 36 샤스타사우루스 VS 범고래 ··· 244

특집 테크니컬 파이터 246
이크티오스테가 ············ 246
아노말로카리스, 헤스페로르니스,
오파비니아, 디플로카울루스 ······· 248
가상 배틀 37 VS 이크티오스테가 ·· 250
가상 배틀 38 VS 아쿠티라무스 ··· 252

파라사우롤로푸스 218
파라사우롤로푸스의 비밀 ··· 218
동료 ························ 220
코리토사우루스, 람베오사우루스,
에드몬토사우루스, 마이아사우라
신체 비밀을 파헤친다 ········ 222
가상 배틀 32 VS 주머니긴팔원숭이 ·· 224

후타바사우루스 226
후타바사우루스의 비밀 ····· 226
동료 ························ 228
엘라스모사우루스, 플레시오사우루스,
플리오사우루스, 크로노사우루스
신체 비밀을 파헤친다 ········ 230
가상 배틀 33 VS 대왕오징어 ····· 232
가상 배틀 34 VS 메갈로돈 ······· 234

칼럼
육식 공룡 몸집 랭킹 ········· 86
공룡이 살았던 시대 ·········· 88
일본 공룡 파워 파이터 랭킹 ·· 138
일본에서 발견된 공룡 지도 ··· 140
거대 공룡 랭킹 ············· 194
괴상한 모습의 공룡 ········· 196
세계에서 발견된 공룡 지도 ··· 254

이 책을 보는 법

비밀
그룹을 대표하는 공룡이 어떤 무기와 능력으로 싸움에서 살아남았는지 해설하는 페이지다.

▶특징
공격·방어·스피드·특수, 네 부분으로 나누어 공룡의 특징을 설명했다.

- 공격 : 무기의 특징.
- 방어 : 몸을 지키는 법과 숨는 방법의 특징.
- 스피드 : 먹잇감을 쫓는 방식과 천적에게서 도망칠 때의 특징.
- 특수 : 다른 공룡에게는 없는 특징.

▶데이터
이 페이지에 소개한 공룡을 설명했다. 크기는 몸길이(입 끝부분부터 꼬리 끝부분까지의 길이)다.

▶서식 시대
공룡이 살았던 시대를 표시했다.

동료
그룹에 속하는 공룡 중 특색 있는 공룡을 선별하여 소개하는 도감 페이지다.

▶이름과 해설
공룡의 이름과 특징을 소개했다.

▶파라미터
다섯 가지 능력을 세 단계로 표시했다.

- 힘 : 힘의 세기
- 속도 : 이동할 때 속도
- 기술 : 기술의 강도
- 위험 : 인간에게 위험한 정도
- 방어 : 몸을 지키는 능력

▶크기, 먹이, 시대
평균 크기와 먹이, 살던 시대를 표시했다.

※공룡의 몸 색은 알려지지 않아, 상상하여 그렸습니다.

신체 비밀을 파헤친다

강함, 빠르기, 화석 등 공룡과 관련 있는 비밀이나 같은 시대 공룡과의 싸움을 소개하는 페이지다.

▶ **리얼 배틀**
같은 시대를 살았던 공룡끼리의 전투를 소개한다.

▶ **신체의 비밀**
몸, 화석, 발톱 등 공룡에 관한 다양한 비밀을 다루었다.

▶ **해설**
공룡 신체의 비밀과 같은 시대를 살았던 공룡과 벌였을지도 모르는 전투를 설명했다.

가상 배틀

현실에서는 볼 수 없는 공룡, 혹은 시대를 뛰어넘은 생물과의 싸움을 재현한 페이지다.

▶ **싸우는 상대**
싸우는 공룡이나 생물을 소개했다.

▶ **데이터**
싸우는 생물의 종류, 서식 연대, 체중을 나타냈다.

▶ **전투 장면**
싸우는 모습을 네 개의 장면으로 보여 주었다.

1

파워 타입

'공룡'이라는 단어를 들으면 거대한 몸집에서 내뿜는 강력한 공격을 먼저 떠올릴 것이다. 여기에서는 타격술과 물어뜯기가 특기인, 무시무시한 공룡을 소개한다.

티라노사우루스의 비밀

거대한 입과 이빨을 지녔고, 민첩한 몸놀림으로 먹잇감을 잡았던 최강의 사냥꾼이다.

 공격

강한 다리로 버티고 서서 상대를 쓰러뜨린다

체격이 큰 상대와 싸울 때는 다리 힘이 강해야 한다.

티라노사우루스 폭군 도마뱀

| 크기 | 13m | 먹이 | 고기 | 시대 | 백악기 후기 |

사상 최대급의 육식 공룡이다. 몸에 비해 머리가 크며, 무는 힘도 공룡 중에서 최강이었다. 눈은 매우 작았지만 정면을 향해 위치해 있었기 때문에 먹잇감과의 거리를 정확히 파악할 수 있었을 것이다.

공격

커다란 입으로 덥석 물다!

30cm가 넘는 거대한 이빨로 상대를 문 뒤 힘으로 굴복시킨다.

트라이아스기 | 쥐라기 | **백악기**

앞다리가 작아서 뒷다리로 걸었다. 백악기 후기에 살던 공룡일수록 크다.

타르보사우루스

▶놀라게 하는 도마뱀

크기	10m
먹이	고기
시대	백악기 후기

아시아에서 발견된 육식 공룡 중 가장 크다. 티라노사우루스보다 몸집이 조금 가는 편이지만, 학자 중에는 둘이 같은 종류라고 생각하는 이들도 있다.

알베르토사우루스

▶앨버타 주의 도마뱀

크기 ▶ 9m 먹이 ▶ 고기 시대 ▶ 백악기 후기

캐나다 앨버타 주에서 화석이 발견되어 이런 이름이 붙었다. 새끼부터 나이가 든 공룡까지 모두 모인 집단으로 화석이 발견되었다.

고르고사우루스

▶사나운 도마뱀

크기 ▶ 8.5m 먹이 ▶ 고기 시대 ▶ 백악기 후기

몸이 조금 가늘고 다리가 길어 빨리 달렸을 것으로 추정한다. 알베르토사우루스와 같은 종류라는 설도 있다.

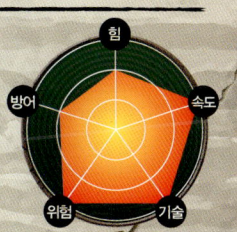

다스플레토사우루스

▶무서운 도마뱀

크기 ▶ 9m 먹이 ▶ 고기 시대 ▶ 백악기 후기

머리가 커서 약간 작은 티라노사우루스처럼 보인다. 눈 위가 솟아올라 있다.

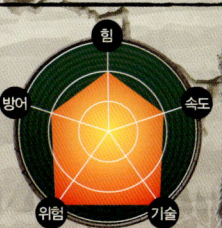

신체 비밀을 파헤친다

티라노사우루스는 먹잇감을 어떻게 사냥했을까? 무기의 비밀을 살펴보자.

무기의 비밀

길이가 30cm나 되는 이빨도 났다.

뾰족한 이빨이 최강의 공룡임을 증명한다

날카로운 이빨이 난 커다란 입
티라노사우루스의 입에는 두껍고 날카로운 이빨이 나 있어 무는 힘이 6t에 달했다고 추정한다. 이는 사자가 무는 힘의 20배나 된다.

화석의 비밀

머리와 균형을 맞춘 꼬리
이족 보행을 했기에 두꺼운 꼬리로 균형을 잡았다.

강인한 뒷발

발가락 두 개가 달린 앞발
앞발은 매우 작았으며 발가락도 두 개밖에 없었다.

탄탄한 몸
머리뼈가 매우 컸으며, 무는 데 쓰는 턱 근육이 많이 붙어 있었다. 뒷다리는 세 개의 뼈가 합쳐져 무거운 몸을 지탱하는 데 도움을 주었다.

티라노사우루스 VS 코리토사우루스

티라노사우루스

코리토사우루스

티라노사우루스

동료와 함께 먹이를 궁지로 몰다!

떼로 둘러싸면 도망가지 못한다

티라노사우루스에게 포위당한 코리토사우루스(→P220). 큰 소리로 도움을 청해 보지만 공허한 외침일 뿐이다.

가상 배틀 1

최강의 육식 공룡을 상대로 최강의 초식 포유류는 어떻게 맞설 것인가!

파워계 이종(異種) 대결

티라노사우루스 ➡P18

분류	시대	무게
공룡류	중생대 백악기	7t

송화강 매머드

분류	시대	무게
포유류	신생대 제4기	20t

1

티라노사우루스를 위협하는 송화강 매머드!

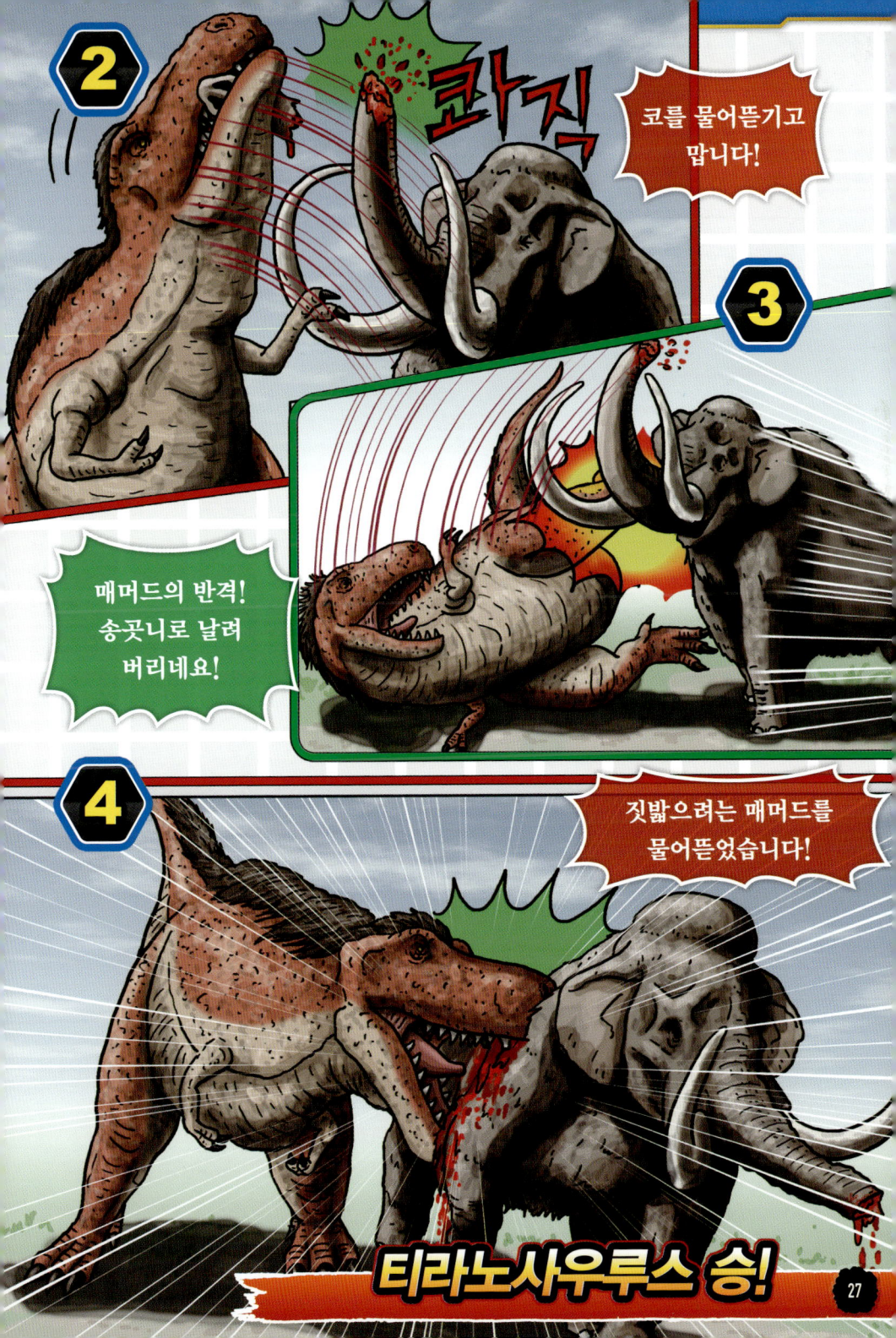

가상 배틀 2

아시아 최강의 육식 공룡은 역사상 최대급의 육상 포유류를 어떻게 사냥할까?

육식 공룡과 거대 야수 대결

VS ➡P20

타르보사우루스		
분류	시대	무게
공룡류	중생대 백악기	7t

인드리코티어		
분류	시대	무게
포유류	신생대 고제3기	20t

1

타르보사우루스가 인드리코티어에게 달려갑니다!

아르젠티노사우루스의 비밀

모든 공룡 중에서 가장 거대했던 공룡이 바로 아르젠티노사우루스 무리다.

아르젠티노사우루스 아르헨티나 도마뱀

크기 36m **먹이** 식물 **시대** 백악기 후기

등뼈와 뒷다리 뼈 화석밖에 발견하지 못했지만, 살아 있을 때의 모습을 상상하면 역사상 최대급 공룡임을 유추할 수 있다.

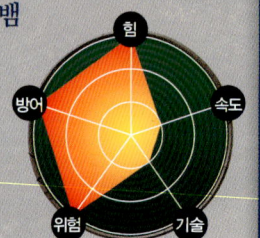

방어

모든 공룡 중 가장 큰 몸

몸이 매우 커서 육식 공룡의 공격에도 꿈쩍도 않았을 것이다.

공격

거대한 발로 밟아 버리다

100t이 넘는 거대한 몸으로 무엇이든 짓밟는다.

트라이아스기 쥐라기 **백악기**

 동료

이 공룡들은 목이 길고 몸집이 커다란 용각류 중에서도 마지막에 등장했으며 가장 진화한 그룹이다.

티타노사우루스

▶ 거인족 도마뱀

- 크기: 12m
- 먹이: 식물
- 시대: 백악기 후기

이 그룹(티타노사우루스과)을 대표하는 공룡이다. 몸의 일부밖에 발견되지 않았기에 자세히 알려지지 않았다.

살타사우루스

▶ 살타 도마뱀

| 크기 | 12m | 먹이 | 식물 |

| 시대 | 백악기 후기 |

아르헨티나 살타주에서 화석이 발견되었다. 등에 바위 같은 울퉁불퉁한 돌기가 있다.

말라위사우루스

▶ 말라위의 도마뱀

| 크기 | 10.5m | 먹이 | 식물 |

| 시대 | 백악기 후기 |

동아프리카 말라위에서 화석이 발견되었다. 용각류 중에서는 드물게 머리뼈가 발견되어 삼각형 모양의 이빨이 있었음을 알았다.

암펠로사우루스

▶ 포도나무 도마뱀

| 크기 | 15m | 먹이 | 식물 |

| 시대 | 백악기 후기 |

프랑스에서 와인을 만드는 포도밭 근처에서 화석이 발견되었다. 등에 갑옷 같은 돌기가 있다.

신체 비밀을 파헤치다

공룡 중에서 가장 컸던 아르젠티노사우루스에게는 어떤 비밀이 있을까?

긴 목의 비밀

목만 움직여서 에너지를 절약하다!

멀리 떨어진 식물에도 닿는 목
거대한 몸을 움직이려면 체력이 필요하다. 하지만 긴 목을 이용하면 몸을 거의 움직이지 않고도 멀리 있는 식물을 먹을 수 있었을 것이다.

크기의 비밀

웬만한 실내 수영장보다 큰 몸집!

최대의 육상 동물

지금까지 발견된 공룡 중에서 가장 크며, 긴 목과 꼬리를 수평으로 펼치면 무려 35m에 달했다. 이는 지구 역사상 가장 큰 육상 동물이다.

아르젠티노사우루스 VS 기가노토사우루스

아르젠티노사우루스

다리를 물려 곤경에 처하다!

기가노토사우루스

다리를 물리고 말았다

무대는 백악기 후기의 남미 대륙. 아르젠티노사우루스의 앞다리를 물어뜯는 기가노토사우루스(→P52). 아무리 상대의 몸집이 커도 움직임을 봉쇄한다면 이길 수 있다.

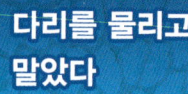

리얼 배틀: 아르젠티노사우루스 VS 티라노티탄

아르젠티노사우루스

티라노티탄

육식 공룡들에게 포위당했지만……

거대한 발로 밟아 버리다

무대는 백악기 후기의 남미 대륙. 체중이 최대 100t이 넘는 아르젠티노사우루스에게 체중 6t의 티라노티탄은 떼로 덤빌 수밖에 없었을 것이다.

가상 배틀 3

몸길이는 아르젠티노사우루스가 우세하지만, 몸무게는 흰수염고래가 압도적으로 무겁다.

초거대 동물 대결

아르젠티노사우루스 ➡P30

분류	시대	무게
공룡류	중생대 백악기	90t

VS

흰수염고래

분류	시대	무게
포유류	현대	190t

1

아르젠티노사우루스가 흰수염고래를 발견했습니다!

가상 배틀 4

탄탄한 몸을 지닌 티타노사우루스는 최강의 목을 가진 마멘키사우루스에게 이길 수 있을까?

긴 목 대결

➡P32

티타노사우루스

분류	시대	무게
공룡류	중생대 백악기	14t

마멘키사우루스

분류	시대	무게
공룡류	중생대 쥐라기	20t

마멘키사우루스가 티타노사우루스의 등을 덮칩니다!

이구아노돈의 비밀

부리 같은 입을 가진 초식 공룡.
어금니로 딱딱한 잎을 으깨 먹었다.

이구아노돈 　이구아나의 이빨

크기 10m　**먹이** 식물　**시대** 백악기 전기

유럽, 북미, 아시아에서 발견되었다. 가장 오래전부터 알려져 공룡 중 두 번째로 이름을 가졌다. 다 자라면 앞발을 땅에 디뎌 네 발로 걸었을 것으로 추측한다.

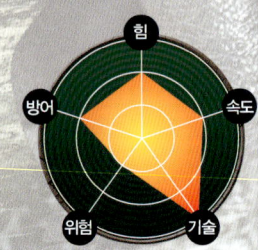

힘 / 속도 / 기술 / 위험 / 방어

 **방어**

긴 목
주위를 살필 때 두 다리로 일어서 긴 목을 들어 올렸을 것으로 보인다.

 공격

날카로운 발가락
엄지발가락과 새끼발가락 끝이 날카로워 무기로 사용했을 가능성이 있다.

| 트라이아스기 | 쥐라기 | 백악기 |

이구아노돈이 속한 그룹의 공룡들은 앞다리가 짧지만 네 발로 걸었던 것으로 추측한다.

힙실로포돈

▶ 높고 구불거리는 이빨

크기	1.8m
먹이	식물
시대	백악기 전기

영국에서 발견되었다. 힙실로포스(Hypsilophus)는 이구아나를 뜻하므로, 이구아노돈과 이름의 유래가 같다. 몸이 작고 앞니가 있는 등 이구아노돈보다 원시적이다.

후쿠이사우루스
▶후쿠이의 도마뱀

| 크기 | 5m | 먹이 | 식물 |
| 시대 | 백악기 전기 |

이구아노돈의 동료 공룡들은 턱을 좌우로 움직여 식물을 으깨 먹었지만, 후쿠이사우루스는 턱을 좌우로 움직이지 못했다. 후쿠이현에서 발견되었다.

알티리누스
▶높은 코

| 크기 | 8m | 먹이 | 식물 |
| 시대 | 백악기 전기 |

몽골에서 발견되었다. 코뼈가 크고 높이 솟아 있는데, 냄새에 민감하려고, 암컷을 유혹하려고, 혹은 체온 조절을 하려고 등 그 목적을 두고 여러 설이 있다.

오우라노사우루스
▶용감한 도마뱀

| 크기 | 7.5m | 먹이 | 식물 |
| 시대 | 백악기 전기 |

서아프리카 니제르에서 발견되었다. 어깨에서 꼬리까지 등뼈가 위로 길게 뻗어 마치 부채 장식 같다.

신체 비밀을 파헤치다

이구아노돈 화석은 전 세계에서 발견되고 있다.
이곳저곳에서 발견될 정도로 번성했던 공룡이다.

무기의 비밀

엄지발가락 뼈가 매우 크고 날카로웠다.

날카롭게 돌출한 엄지발가락 발톱

식물을 움켜쥐었던 엄지발가락 발톱

크고 날카로운 엄지발가락에는 매우 긴 발톱이 나 있었다. 육식 공룡으로부터 몸을 방어하는 데 사용했을지 모른다.

리얼 배틀: 이구아노돈 VS 유타랍토르

- 이구아노돈
- 유타랍토르

육식 공룡에게 습격당했다!

궁지에 몰린 이구아노돈 — 유타랍토르(→P209)가 뒤에서 덮친 뒤, 뒷다리를 발톱으로 찢고 있다.

가상배틀 5

거대한 매머드까지 습격했던 스밀로돈은 과연 이구아노돈을 이길 수 있을까?

발톱과 송곳니 대결

➡ P42

이구아노돈

분류	시대	무게
공룡류	중생대 백악기	5t

스밀로돈

분류	시대	무게
포유류	신생대 제4기	400kg

1

이구아노돈에게 돌진하는 스밀로돈!

알로사우루스의 비밀

두 발로 돌아다니며 거대한 입으로 물어뜯는 쥐라기 최강의 사냥꾼이다.

 방어

눈 위에 있는 두 개의 뿔

머리뼈를 보면 눈 위가 돌출되어 있어. 이 부분이 뿔이었던 것으로 보인다.

 공격

날카로운 앞발의 발톱

티라노사우루스보다 앞발이 더 크고, 세 개의 발가락에 날카로운 발톱이 달려 있다.

알로사우루스 이상한 도마뱀

| 크기 | 12m | 먹이 | 고기 | 시대 | 쥐라기 후기 |

미국과 포르투갈에서 화석이 발견되었다. 등뼈가 복잡한 구조로 되어 몸이 가벼운 점이 독특해 '이상한 도마뱀'이라는 이름이 붙었다. 하지만 이 특징은 그 뒤로 수많은 공룡에게서 발견되었다.

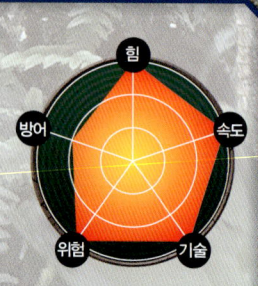

티라노사우루스보다 앞선 시대에 번성했던 대형 육식 공룡 그룹이다.

기가노토사우루스

▶거대한 남쪽 도마뱀

크기	13m
먹이	고기
시대	백악기 후기

아르헨티나에서 발견되었다. 남미에서 발견된 최대 육식 공룡이라 이런 이름이 붙었다. 코 윗부분부터 눈 윗부분에 걸쳐 우둘투둘한 뼈 돌기가 있다.

양추아노사우루스

▶ 융환 도마뱀

| 크기 | 10.5m | 먹이 | 고기 | 시대 | 쥐라기 후기 |

중국 사천성 지역에서 발견되었다. 몸집이 매우 크지만 뼈가 가벼워 민첩하게 움직일 수 있었다. 쥐라기 시대 아시아에서 최강으로 손꼽히는 육식 공룡이다.

후쿠이랍토르

▶ 후쿠이의 약탈자

| 크기 | 5m |
| 먹이 | 고기 | 시대 | 백악기 전기 |

후쿠이현에서 발견되었다. 거대한 발톱을 처음으로 발견했기에 발견 당시에는 뒷발에 큰 발톱이 달린 벨로키랍토르(→P206)와 같은 무리라고 생각했다.

콘카베나토르

▶ 쿠엥카의 달리기 선수

| 크기 | 6m |
| 먹이 | 고기 | 시대 | 백악기 전기 |

스페인 쿠엥카에서 발견되었다. 거의 완벽한 전신 골격을 발견하여 등뼈가 등지느러미처럼 위로 솟구쳐 있음을 알았다.

신체 비밀을 파헤치다

알로사우루스가 강한 이유는 무엇일까?
이 공룡의 무기를 살펴보자.

무기의 비밀

칼처럼
날카로운 이빨

들쭉날쭉한 날카로운 이빨이 나 있다

얇고 날카로운 이빨로 먹이를 꿰뚫는다

뾰족한 이빨로 먹이를 물어뜯었을 것으로 추측한다. 입안의 작고 들쭉날쭉한 이빨이 고기를 찢는 데 제격이었다.

리얼 배틀: 알로사우루스 VS 아파토사우루스

아파토사우루스

알로사우루스

체격 차이에도 불구하고 습격!

거대 공룡을 덥석! 쥐라기 최강의 육식 공룡, 알로사우루스가 몇 배나 무거운 아파토사우루스(→P150)를 덮치고 있다. 알로사우루스가 물어뜯어 뼈에 금이 간 화석도 발견되었다.

가상 배틀 6

북미 티라노사우루스를 웃도는 거대한 몸집의 남미 기가노토사우루스가 도전장을 내밀었다!

최강 육식 공룡 대결

기가노토사우루스 ➡P52

분류	시대	무게
공룡류	중생대 백악기	8t

티라노사우루스 ➡P18

분류	시대	무게
공룡류	중생대 백악기	7t

1

기가노토사우루스가 티라노사우루스의 목덜미를 뭅니다.

트리케라톱스의 비밀

세 개의 뿔과 커다란 프릴(옷깃 장식)을 가진 최강의 초식 공룡이다.

공격

두 개의 커다란 뿔
이마에 두껍고 긴 두 개의 뿔이 나 있어 적을 들이받을 때 사용했다.

트리케라톱스 세 개의 뿔이 있는 얼굴

| 크기 | 9m | 먹이 | 식물 | 시대 | 백악기 후기 |

북미에서 발견되었다. 눈 위와 코 위에 모두 세 개의 뿔이 달려 이런 이름을 갖게 되었다. 뿔과 프릴은 성장하면서 커진다.

커다란 프릴

크고 넓게 펼쳐졌으며 판처럼 두껍기 때문에 방패로 사용했다. 목덜미를 물리는 것을 방어했을 것이다.

트라이아스기 | 쥐라기 | **백악기**

각룡은 커다란 뿔과 프릴, 그리고 앵무새처럼 생긴 주둥이가 특징이었다.

프로토케라톱스

▶처음 뿔이 있는 얼굴

| 크기 | 2m | 먹이 | 식물 |
| 시대 | 백악기 후기 |

중국과 몽골에서 발견되었다. 원시적인 각룡류 중 하나로, 작은 프릴은 있지만 뿔은 없으며 몸이 호리호리하다.

센트로사우루스

▶ 가운데 도마뱀

| 크기 | 6m | 먹이 | 식물 |

| 시대 | 백악기 후기 |

캐나다에서 발견되었다. 프릴 가장자리에 있는 안쪽으로 휘어진 가시가 특징이다. 프릴 안에 뼈가 없어서 가볍다.

스티라코사우루스

▶ 긴 가시가 있는 도마뱀

| 크기 | 5.5m | 먹이 | 식물 |

| 시대 | 백악기 후기 |

캐나다에서 발견되었다. 코 위에 커다란 뿔이 한 개 있으며, 프릴 주위에도 수많은 가시가 나 있어서 이런 이름을 얻었다.

코스모케라톱스

▶ 장식 뿔이 있는 얼굴

| 크기 | 5m | 먹이 | 식물 |

| 시대 | 백악기 후기 |

미국에서 발견되었다. 진화한 각룡류 중에서 몸집이 작은 편이지만, 뒤로 젖혀진 프릴에 수많은 가시가 달려 있어 매우 화려했다.

신체 비밀을 파헤치다

커다란 뿔을 가진 초식 공룡인 각룡류는 생김새가 코뿔소와 비슷하다.

무기의 비밀

뿔 창과 프릴 방패

창과 방패를 가진 거대한 얼굴

뿔은 천적을 들이받을 때 사용했고, 프릴은 상대의 공격으로부터 급소인 목을 지키는 방어 장치 역할을 했다.

프릴(깃 장식)

같은 그룹에 속하는 다른 공룡들은 뼛속에 구멍이 있어 가벼웠지만, 트리케라톱스의 프릴에는 구멍이 없었다.

세 개의 뿔

긴 뿔 두 개와 짧은 뿔 한 개가 있다. 뿔에 뼈가 있다.

화석의 비밀

크고 무거운 몸

매우 탄탄한 몸집에 몸이 크고 무거워서 뿔을 세워 전력을 다해 돌진하면 육식 공룡도 뼈가 부러질 수밖에 없었을 것이다.

리얼 배틀 — 트리케라톱스 VS 티라노사우루스

최강 초식 공룡과 육식 공룡의 대결

티라노사우루스

트리케라톱스

딱딱한 프릴도 물어뜯었다

트리케라톱스가 좀 더 무겁지만, 둘은 거의 비슷한 체격이다. 티라노사우루스(→P18)에게 물린 흔적이 있는 트리케라톱스의 프릴 화석이 발견되었다.

리얼 배틀: 스티라코사우루스 VS 스티라코사우루스

암컷을 두고 싸우다

몸이 클수록 유리한 싸움

각룡의 뿔과 프릴은 다른 공룡과 싸울 때보다 같은 종인 수컷끼리 싸울 때 더 중요하게 쓰였다는 설도 있다.

가상 배틀 7

최대급 각룡인 트리케라톱스에게 도전하는 가장 두꺼운 뿔을 가진 포유류, 엘라스모테리움!

세 개의 뿔과 한 개의 뿔 대결

트리케라톱스 ➡ P58

분류	시대	무게
공룡류	중생대 백악기	7t

엘라스모테리움

분류	시대	무게
포유류	신생대 제4기	4.5t

1

엘라스모테리움이 트리케라톱스를 향해 돌진합니다!

가상 배틀 8

소의 조상인 오로크스는 나수토케라톱스와 비슷한 뿔을 가진 사나운 소다!

사나운 소의 뿔 대결

나수토케라톱스

분류	시대	무게
공룡류	중생대 백악기	2.5t

오로크스

분류	시대	무게
포유류	신생대 제4기	1t

1

나수토케라톱스가 오로크스에게 돌진합니다!

스피노사우루스의 비밀

육식 공룡 중 최대 크기를 자랑한다. 길고 좁은 입으로 물고기를 먹었을 것으로 추측한다.

특수

부채 같은 장식

크고 넓어서 햇볕을 쬐며 체온을 올리는 데 썼을 것이다.

스피노사우루스 가시 도마뱀

크기 16m **먹이** 물고기 **시대** 백악기 전기~후기

북미에서 발견되었다. 육식 공룡 중에서 최대급이다. 등에 판 모양의 뼈가 뻗어 있으며, 피부가 그 위를 부채처럼 감쌌다.

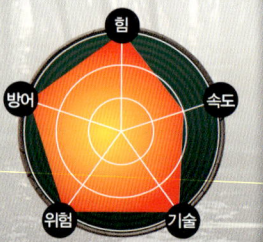

공격

길고 날카로운 발톱

발달된 앞발 발톱으로 먹잇감을 붙잡았을 것이다.

트라이아스기 | 쥐라기 | **백악기**

동료

이 그룹에 속하는 공룡들은 모두 입이 길고, 물고기를 잡아먹었을 것으로 추측한다.

수코미무스

▶악어를 닮은 공룡

크기	11m
먹이	물고기
시대	백악기 전기

서아프리카 니제르에서 발견되었다. 대형 육식 공룡치고는 긴 앞다리를 물고기를 잡는 데 썼을 수 있다. 등에 부채 장식이 없다.

이리타토르

▶짜증 나는 것

| 크기 | 8m | 먹이 | 물고기 |
| 시대 | 백악기 전기 |

브라질에서 발견되었다. 학자들 손에 들어갔을 때 판매자가 화석을 가공해서 넘긴 탓에 일일이 원상 복구해야 했기에 붙은 이름이다.

바리오닉스 ▶무거운 발톱

| 크기 | 10m | 먹이 | 물고기 | 시대 | 백악기 전기 |

영국에서 발견되었다. 앞발 발톱이 크고 무거워 이런 이름이 붙었다. 물고기를 주식으로 삼았으나 위에서 이구아노돈 새끼가 발견된 적도 있다.

이크티오베나토르

▶물고기를 잡는 것

| 크기 | 9m | 먹이 | 고기, 물고기 |
| 시대 | 백악기 후기 |

동남아시아 라오스에서 발견되었다. 등에는 부채 장식이 있는데, 앞뒤 두 개로 나누어졌다.

신체 비밀을 파헤치다

스피노사우루스는 물속은 물론 육지에서도 활동할 수 있었다. 무시무시한 외모만큼, 대단히 뛰어난 사냥꾼이었다.

무기의 비밀

이빨이 몇 번이나 새로 난다.

물속에서 입을 휘젓는다!

폭이 좁고 긴 주둥이	폭이 좁고 긴 주둥이는 물의 저항이 작아서, 물속에서 휘젓는 데 안성맞춤이다. 날카로운 이빨로 물고기를 잡은 뒤, 한입에 꿀꺽 삼킨 것으로 보인다.

가상 배틀 9

스피노사우루스는 물고기가 주식이지만 육식 공룡 중 가장 크다. 알로사우루스는 스피노사우루스를 이길 수 있을까?

거대 육식 공룡 대결

스피노사우루스 VS **알로사우루스**

➡ P70   ➡ P50

분류	시대	무게
공룡류	중생대 백악기	9t

분류	시대	무게
공룡류	중생대 쥐라기	3t

1

물을 마시는 알로사우루스를 물속에서 스피노사우루스가 기습합니다.

특집 파워 파이터

옛 지구에는 공룡 외에 힘센 동물들이 있었다.
여기에서는 그런 파워 파이터를 소개한다.

 공격

두 종류의 날카로운 이빨

전혀 다른 크기와 형태의 이빨이 두 종류로, 먹잇감을 찌르는 이빨과 고기를 잘게 찢는 이빨이 있었다. 이는 훗날 포유류에도 이어졌다.

디메트로돈 — 두 종류의 이빨

크기 3m　**먹이** 고기　**시대** 페름기 전기

공룡과 비슷하지만, 사실 포유류형 파충류의 조상이다. 공룡이 나타나기 전 시대에 물가에서 살았던 것으로 보인다.

특수

체온을 조절하는 등 장식

햇빛을 쐬어 몸을 따뜻하게 하거나 바람을 맞아 몸을 차갑게 했다. 체온 조절 능력이 뛰어나 다른 파충류가 둔하게 행동할 수밖에 없던 아침에도 민첩하게 움직일 수 있었다.

특집 파워 파이터

힘으로는 당해낼 자가 없는 파워 파이터를 만나보자.

둔클레오스테우스

▶ 둔클의 뼈

- 크기: 10m
- 먹이: 물고기
- 시대: 데본기 후기

딱딱한 피부로 뒤덮인 머리와 강력한 턱을 가진 판피류 중 최대종이다. 이빨은 없지만, 턱뼈 자체가 이빨처럼 뾰족하다.

살코수쿠스

▶ 육식성 악어 황제
- 크기: 12m
- 먹이: 고기
- 시대: 백악기 전기~중기

서아프리카 니제르에서 발견된 역사상 최대 크기의 악어다. 강에서 살았으며, 물고기나 거북, 물 마시러 온 공룡 등을 잡아먹었던 것으로 보인다.

메갈로돈

▶ 커다란 이빨

크기	13m
먹이	고래
시대	신생대 제3기

아열대부터 온대 바다에서 서식했던 상어다. 현대의 백상아리에 가까운 종류로 역사상 가장 몸집이 큰 상어다.

바다전갈

▶ 바다의 전갈

크기	2.5m
먹이	고기
시대	오르도비스기부터 페름기

세계 각지의 얕은 바다나 호수에서 살았다. 고생대를 대표하는 대형 사냥꾼으로 200~300종류의 화석이 발견되었다.

가상 배틀 10

무는 힘이 티라노사우루스에 맞먹는 둘. 강력한 턱 근육으로 승리를 쟁취할 자는 어느 쪽일까?

최강 턱 대결

VS

살코수쿠스 ➡P80

분류	시대	무게
악어류	중생대 백악기	8t

둔클레오스테우스 ➡P80

분류	시대	무게
판피류	고생대 데본기	5t

1

살코수쿠스가 둔클레오스테우스의 머리를 뭅니다!

가상 배틀 11

포유류형 파충류의 조상에 가까운 디메트로돈은 역사상 최강의 뱀에게서 도망칠 수 있을까?

체온 조절 대결

디메트로돈 ➡P78

분류	시대	무게
단궁류	고생대 페름기	250kg

티타노보아

분류	시대	무게
뱀류	신생대 고제3기	1t

1

티타노보아가 커다란 입을 벌리며 디메트로돈을 삼키려 합니다!

육식 공룡 몸집 랭킹

1위 스피노사우루스 (→P70)

크기 16m, 20t
시대 백악기 전기~후기

아프리카에 서식했던 최대 육식 공룡이다. 몸이 호리호리하여 체중이 의외로 가벼웠다는 설도 있지만, 전체 몸길이로는 단연코 1위다.

육식 공룡은 용반류 중에서 수각아목이라는 그룹에 속한다.
머리가 크고 칼처럼 날카로운 이빨로 다른 공룡을 잡아먹었다.

2위
기가노토사우루스

| 크기 | 13m, 7t (➡P52) |

| 시대 | 백악기 후기 |

남미에서 몸집이 가장 큰 육식 공룡이었다.

3위
티라노사우루스

| 크기 | 13m, 6t (➡P18) |

| 시대 | 백악기 후기 |

북미 최대 크기의 육식 공룡이었다.

번외 편
이 공룡도 대단해!

알로사우루스 (➡P50)

| 크기 | 12m, 3t |

| 시대 | 쥐라기 후기 |

쥐라기에 살았던 육식 공룡 중 가장 크고 강력했다.

공룡이 살았던 시대

공룡이 살았던 시대는 지금부터 약 2억 3,000만 년 전인 트라이아스기부터 약 6,600만 년 전인 백악기 말까지였다.

공룡이 살았던 시대는 중생대다. 고생대가 끝날 무렵에 삼엽충이나 양서류 등 전 생물의 90% 이상이 멸종했다가 공룡 같은 대형 파충류가 번성했다.

하지만 중생대 말에는 전 생물의 70%가 사라지는 대량 멸종이 다시 발생했으며, 공룡과 함께 익룡, 어룡, 수장룡, 암모나이트 등이 자취를 감추었다.

선캄브리아 시대	고생대						중생대			신생대		
	캄브리아기	오르도비스기	실루리아기	데본기	석탄기	페름기	트라이아스기	쥐라기	백악기	고제3기	신제3기	제4기
	약 5억 4100만 년 전	약 4억 8540만 년 전	약 4억 4380만 년 전	약 4억 1920만 년 전	약 3억 5890만 년 전	약 2억 9890만 년 전	약 2억 5270만 년 전	약 2억 130만 년 전	약 1억 4500만 년 전	약 6600만 년 전	약 2303만 년 전	약 258만 년 전

공룡이 살았던 시대

스피드 타입

몸이 작거나 가는 공룡은 재빠른 몸놀림으로 적을 압도했다. 스피드를 살려 도주하는 초식 공룡, 가볍게 도약하는 육식 공룡을 만나 보자.

오르니토미무스의 비밀

타조와 비슷한 체형이며, 이족 보행으로 뒷다리가 발달했다.

오르니토미무스 새와 닮았다

| 크기 | 3.5m | 먹이 | 잡식? | 시대 | 백악기 후기 |

이빨이 없고 부리가 나왔기 때문에 먹잇감을 한입에 삼키고 식물을 잡아 뜯어 먹었다고 한다.

스피드

뒷발의 발가락

발달한 뒷발에는 발가락이 세 개밖에 없었다. 발가락 수가 적어야 빨리 달릴 수 있다.

스피드

머리가 작고 가볍다

달리는 데 방해되지 않도록 머리가 작다. 주둥이는 이빨이 없는 부리로 변했다.

트라이아스기 | 쥐라기 | **백악기**

동료

모두 목과 꼬리가 길고 앞뒤 균형을 잡으며 빠른 속도로 달렸다.

스트루티오미무스

▶ 타조를 닮음

크기	5m
먹이	식물
시대	백악기 후기

앞다리의 발가락이 굉장히 길어 식물을 끌어당겨 먹었을 것이다. 타조처럼 시속 60~70km로 달릴 수 있다.

힘 / 속도 / 기술 / 위험 / 방어

시노르니토미무스

▶중국 새를 닮음

| 크기 | 2.5m |

| 먹이 | 식물 |

| 시대 | 백악기 후기 |

화석들이 한곳에 몰려 있었기 때문에 무리 지어 살았을 것으로 추측한다. 위에서 식물을 갈아서 으깨는 데 사용한 위석이 발견되었다.

데이노케이루스

▶무시무시한 손

| 크기 | 12m | 먹이 | 식물 | 시대 | 백악기 후기 |

이 그룹 중 몸집이 두드러지게 크며, 처음에는 길고 큰 앞다리 화석만 발견되어 이런 이름이 붙였다. 위에서 위석과 함께 물고기도 발견되었다.

펠레카니미무스

▶펠리컨을 닮다

| 크기 | 1.8m |

| 먹이 | 식물? | 시대 | 백악기 전기 |

이 그룹 중 가장 원시적인 공룡으로 작은 이빨이 200개 이상 나 있었다. 불룩한 아래턱 피부는 펠리컨의 목 주머니 같다.

신체 비밀을 파헤치다

날쌘 오르니토미무스, 그 속도의 비밀에 대해 살살이 파헤치자.

화석의 비밀

발달한 뒷다리
강력한 다리로 공룡 중 최고 속도로 달렸으리라 추측한다.

타조와 비슷한 신체 구조
타조를 닮았으나 긴 꼬리가 있었다. 작은 머리에 비해 뇌와 눈동자가 커서 멀리 내다볼 수 있었을 것이다.

가상 배틀 12

엄청난 속도를 자랑하는 사냥꾼, 치타는 오르니토미무스를 잡을 수 있을까?

초스피드 대결

오르니토미무스 ➡P90

분류	시대	무게
공룡류	중생대 백악기	160kg

치타

분류	시대	무게
포유류	현대	70kg

1

오르니토미무스를 발견한 치타가 달려옵니다!

알바레즈사우루스의 비밀

앞다리가 기묘하게 생겼지만, 달리기에 적합한 체형이다.

공격

커다란 엄지발가락 발톱

매우 짧은 앞발 끝에 커다란 발톱 하나가 나 있다.

알바레즈사우루스 알바레즈의 도마뱀

- 크기: 1.4m
- 먹이: 곤충
- 시대: 백악기 후기

화석이 발견된 아르헨티나의 유명한 역사가 그레고리오 알바레즈를 기리며 따온 이름이다. 짧은 앞다리에 발가락이 세 개 있으며, 그중 단 한 개만 도드라지게 컸다.

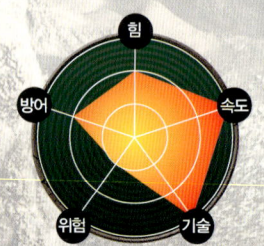

스피드

긴 뒷다리

앞다리와는 반대로, 뒷다리가 매우 길어 빠른 속도로 달릴 수 있었다.

트라이아스기 쥐라기 **백악기**

동료

모두 긴 뒷다리를 가졌으나 앞다리는 매우 짧았다. 주로 곤충을 잡아먹었다.

모노니쿠스

▶하나의 발톱

- 크기: 90cm
- 먹이: 곤충
- 시대: 백악기 후기

몽골에서 발견되었다. 두 앞발에 각각 한 개의 큰 발톱이 나 있어 이런 이름이 붙었다. 하지만 앞발의 다른 두 개의 발가락에는 발톱이 없다.

케라토니쿠스

▶ 타조를 닮다

| 크기 | 2m | 먹이 | 곤충 |

| 시대 | 백악기 후기 |

몽골에서 발견되었다. 앞발 발톱으로 나무 껍데기를 벗기거나 흰개미 집을 부수고 곤충을 잡아먹었을 것으로 추측한다.

슈부이아

▶ 사막의 새

| 크기 | 60cm |

| 먹이 | 곤충 | 시대 | 백악기 후기 |

깃털로 뒤덮인 상태로 화석이 발견되어 이런 이름이 붙었다. 공룡 중 몸집이 매우 작은 편으로, 체중은 2kg밖에 나가지 않았다.

린허니쿠스

▶ 린허 구의 발톱

| 크기 | 60cm | 먹이 | 곤충 |

| 시대 | 백악기 후기 |

내몽골 자치구의 린허 구에서 발견되었다. 같은 그룹의 다른 공룡에게는 남아 있던 앞발의 작은 발가락이 완전히 퇴화해 발가락은 좌우 각각 한 개뿐이다.

신체 비밀을 파헤치다

알바레즈사우루스 무리의 독특한 발톱은 어떤 역할을 했을까?

발톱의 비밀

어디에 썼는지 알 수 없는 발톱

발톱을 어떻게 사용했는지 아직 밝혀지지 않았다.

흰개미 집을 부수는 데 썼다? 알바레즈사우루스의 앞발 발톱은 개미핥기의 발톱과 비슷하다. 그래서 개미집을 부수고 흰개미를 먹는 데 사용했을 가능성이 있다.

사진 제공 : Kanna Dinosaur Center

긴 뒷다리
앞다리와 비교하면 매우 길다. 빠른 속도로 달렸을 것이다.

한 개의 큰 발톱
이 뼈에 발톱이 붙어 있었을 것이다.

짧은 앞다리
깃털로 덮이면 보이지 않을 만큼 짧다.

화석의 비밀

모노니쿠스의 전신 골격
골격을 보면 뒷다리가 얼마나 긴지 알 수 있다. 긴 다리로 흰개미 집을 찾아다니다가 앞발 발톱으로 부수었을 것이다.

가상 배틀 13

두 선수 모두 앞발에 커다란 발톱이 하나씩 있다. 개미가 주식인 생물끼리 개미집을 두고 대결을 벌인다!

개미 사냥꾼 대결

알바레즈사우루스 ➡P98

분류	시대	무게
공룡류	중생대 백악기	20kg

VS

큰개미핥기

분류	시대	무게
포유류	현대	40kg

1

알바레즈사우루스가 큰개미핥기에게 날아 차기를 날립니다!

오비랍토르의 비밀

딱딱한 볏이 있으며, 호주에 사는 대형 조류인 화식조와 생김새가 비슷하다.

머리에 투구 같은 볏이 달린 화식조와 닮았다.

공격

길고 날카로운 발톱

발달된 앞발 발톱을 내세워 먹잇감에게 달려들었다.

오비랍토르 알 도둑

| 크기 | 1.5m | 먹이 | 잡식 | 시대 | 백악기 후기 |

몽골에서 발견되었다. 알둥지에서 화석이 발견되어, 알을 잡아먹으려던 것으로 추측했지만 자기가 낳은 알을 따뜻하게 덥혔던 것임을 나중에 알게 됐다.

공격

딱딱한 부리

이빨은 없지만 입 끝이 단단한 부리라서 물어뜯는 힘이 매우 강했을 것이다.

앞다리와 꼬리는 긴 깃털에 덮여 있으며, 몸에도 털이 짧게 나 있었다.

기간토랍토르

▶ 거대한 도둑

| 크기 | 8.5m | 먹이 | 잡식 | 시대 | 백악기 후기 |

이 그룹에서 특출나게 크며, 몸이 가는 편이지만 체중은 2t 정도 나갔다. 이빨이 없으며, 딱딱한 부리가 있었다.

카우딥테릭스

▶꼬리 날개

| 크기 | 90cm | 먹이 | 잡식 |

| 시대 | 백악기 전기 |

좀처럼 발견되지 않은 깃털 화석을 찾아 이런 이름이 붙었다. 위턱에는 이빨이 있었다.

키로스테노테스

▶가느다란 손

| 크기 | 2m | 먹이 | 잡식 |

| 시대 | 백악기 후기 |

앞발 발가락이 길고 가늘어서 이런 이름이 붙었다. 앞발 발톱으로 나무나 암석 틈에서 도마뱀과 곤충을 끄집어냈을 것이다.

키티파티

▶사체를 불태우는 장작의 왕

| 크기 | 2.7m | 먹이 | 잡식 | 시대 | 백악기 후기 |

알을 지키는 모습의 키티파티 화석이 몽골에서 발견되었다. 그 형태가 마치 장작에 구운 것처럼 깔끔하게 남아 있어 '사체를 불태우는 장작의 왕'이라는 뜻의 이름이 붙었다.

신체 비밀을 파헤치다

화석이 알둥지에서 발견되어, 처음에는 알 도둑이라고 생각했다. 과연 진짜 정체는 무엇일까?

알의 비밀

화석이 알과 함께 발견됐을 때 그 공룡이 알을 훔치러 왔을 것이라 오해했다.

둥지에 늘어서 있는 알 알을 구덩이 안에 낳은 뒤, 그 위를 깃털로 덮어 보온했을 것이다.

리얼 배틀: 오비랍토르 VS 알리오라무스

알리오라무스
오비랍토르

날개를 펼치며 필사적으로 저항하다!

붙잡힌 오비랍토르

무대는 백악기 후기 몽골. 티라노사우루스 그룹 중 하나인 알리오라무스가 덤불에서 뛰쳐나오자 깜짝 놀란 오비랍토르가 잠시 저항하다 도망치려 하고 있다.

가상 배틀 14

긴 뒷다리와 깃털을 가진 오비랍토르, '날쌘돌이' 타조를 상대로 이길 수 있을까?

달리기 선수 대결

오비랍토르 ➡P106

분류	시대	무게
공룡류	중생대 백악기	30kg

타조

조류	시대	무게
포유류	현대	130kg

1

고속으로 달리는 타조를 오비랍토르가 바짝 뒤쫓습니다.

코엘로피시스의 비밀

중생대 초기에 번영했던 초기 육식 공룡이다. 몸이 날렵했으며 매우 재빨랐다.

공격

가는 목과 머리

육식 공룡 중 몸이 얇은 편이었으며, 날카로운 이빨이 나 있었다.

코엘로피시스
뼛속이 비어 있다

| 크기 | 3m | 먹이 | 고기 | 시대 | 트라이아스기 후기 |

미국에서 발견되었다. 뼛속이 비어서 가벼운 편이라 몸무게는 20kg밖에 나가지 않는다. 한곳에서 100마리나 되는 화석이 발견되었다.

스피드

긴 뒷다리

앞다리가 짧아 긴 뒷다리로 먹잇감을 쫓았을 것이다.

트라이아스기 | 쥐라기 | 백악기

동료

코엘로피시스 무리 중 대다수가 공룡치고는 몸집이 호리호리했으며 볏이 달린 개체가 많았다.

딜로포사우루스

▶ 볏이 두 개 달린 도마뱀

- 크기: 7m
- 먹이: 고기
- 시대: 쥐라기 전기

미국과 중국에서 화석이 발견되었다. 머리 위에 좌우 두 장의 볏이 있으며 이 시대까지 등장했던 모든 육식 공룡 중 덩치가 가장 컸다.

리리엔스터누스 ▶릴리엔스테른의 것

크기 5m 먹이 고기

시대 트라이아스기 후기

독일에서 발견되었으며, 릴리엔스테른 박사를 기리는 뜻에서 이름을 지었다. 트라이아스기의 유럽에 서식했던 최대급 육식 공룡이며 물가에서 초식 공룡을 잡아먹었던 것으로 추측된다.

크리올로포사우루스 ▶차가운 볏 도마뱀

크기 6.5m 먹이 고기 시대 쥐라기 전기

남극에서 발견되어 '차가운'이란 수식어가 이름에 붙었다. 화석으로 발견된 건 어린 개체였기에 다 자랐을 경우 가장 큰 육식 공룡인 딜로포사우루스보다 컸을 수 있다.

고지라사우루스 ▶고지라 도마뱀

크기 5.5m

먹이 고기 시대 트라이아스기 후기

미국에서 발견되었다. 트라이아스기 최대 육식 공룡으로 일본 출신 연구학자가 '괴수왕'이라는 별명의 고지라라는 이름을 붙였다.

117

신체 비밀을 파헤치다

코엘로피시스 무리는 재빨리 움직이며 사냥했을 것이라 추정한다. 날렵함의 비밀을 알아보자.

생활의 비밀

수컷은 암컷보다 몸이 탄탄하고 컸다.

늘씬한 달리기 선수형 몸매

집단으로 살았다

완전한 모습의 화석이 수없이 많이 발견되었다. 집단으로 살았으며, 여럿이 먹잇감을 쫓다가 에워싼 뒤 사냥했을 것이다.

화석의 비밀

긴 목
목이 부드러워서 잘 휘어진다.

구멍 뚫린 머리뼈
머리뼈에 구멍이 몇 개 나 있어, 머리가 가벼웠다.

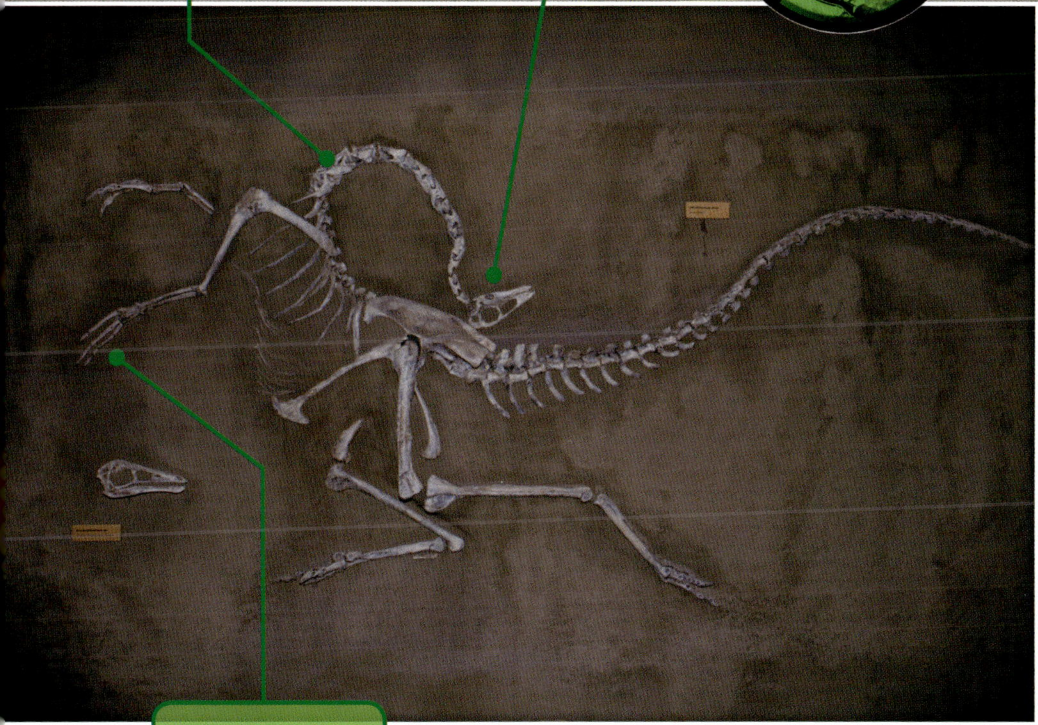

앞발 발가락
커다란 발가락이 세 개, 작아서 퇴화된 발가락이 한 개였다.

텅 빈 뼈
뼈 안이 꽉 차지 않고 파이프처럼 비어 있어 몸이 가벼웠다. 그 덕에 몸집에 비교하면 체중이 덜 나갔으며, 빠르게 움직일 수 있었다.

가상 배틀 15

날렵한 코엘로피시스가 지상 최대의 새, 자이언트 모아를 습격한다!

발차기 기술 대결

VS ➡P114

코엘로피시스

분류	시대	무게
공룡류	중생대 트라이아스기	30kg

자이언트 모아

분류	시대	무게
조류	신생대 제4기	250kg

1

코엘로피시스, 도움닫기를 하며 발차기!

프테라노돈의 비밀

하늘을 나는 파충류인 익룡. 그중 가장 유명한 익룡이 바로 프테라노돈이다.

공격

이빨 없는 부리

긴 부리에 이빨이 없다. 날아다니다 바다에 부리를 집어넣어 물고기를 낚아챘던 것으로 보인다.

트라이아스기　쥐라기　**백악기**

스피드

좁고 긴 날개

새와 달리 날갯짓에 쓰는 근육이 적다. 날개를 펼쳐 바람을 타고 시속 50km의 속도로 활공했을 것으로 추정한다.

프테라노돈　날개는 있으나 이빨이 없다

크기 9m　먹이 물고기　시대 백악기 후기

미국에서 화석이 발견되었다. 날개를 펼치면 6~9m나 되는 거대한 몸이지만 체중은 20kg밖에 나가지 않았다.

하늘의 제왕, 익룡은 공룡과 비슷하지만 공룡과는 따로 진화한 비행 파충류이다.

케찰코아틀루스

▶날개를 가진 뱀

크기	11m
먹이	고기
시대	백악기 후기

미국에서 발견되었다. 지구 역사상, 하늘을 나는 생물 중 가장 크다. 추정 체중은 70kg과 200kg으로 의견이 갈리고 있다.

디모르포돈

▶두 종류의 이빨

| 크기 | 1.5m | 먹이 | 고기, 곤충 |

| 시대 | 쥐라기 전기 |

영국에서 발견되었다. 머리가 컸지만 날개는 짧았다. 앞쪽 이빨이 크고 안쪽 이빨은 조그마해서 이런 이름이 붙었다.

람포린쿠스

▶부리 주둥이

| 크기 | 1.5m | 먹이 | 물고기, 곤충 |

| 시대 | 쥐라기 후기 |

긴 꼬리 끝에 마름모꼴의 꼬리 날개가 있었으며 가늘고 날카로운 이빨이 삐죽삐죽 튀어나왔다.

프테로닥틸루스

▶날개의 발가락

| 크기 | 1.5m | 먹이 | 물고기? |

| 시대 | 쥐라기 후기 |

유럽에서 발견되었으며 매우 오래전부터 연구해 온 익룡이다. 90개의 작은 이빨이 나 있고, 꼬리가 짧다.

신체 비밀을 파헤치다

프테라노돈은 날기 위해 어떤 진화를 거듭했을까?

화석의 비밀

거대한 볏
수컷의 볏은 컸지만, 암컷은 거의 발달하지 않았다. 그 때문에 구애에 사용했으리라 추측하고 있다.

짧은 뒷다리
뒷다리만으로 서지 못해. 앞다리를 땅에 붙인 뒤 네발로 걸어 다녔을 것이다.

발가락이 길게 뻗은 날개 뼈
앞발 발가락 중 약지 한 개만 길게 뻗어 있다. 날개는 얇은 피부막으로 되어 있으며, 앞발 약지 끝에서 뒷발 발목까지 날개가 넓게 연결되어 있었다.

리얼 배틀: 프테라노돈 VS 틸로사우루스

틸로사우루스

프테라노돈

하늘의 제왕과 바다의 제왕의 대결

위기일발의 프테라노돈! 무대는 백악기 후기의 북미 대륙. 거대한 바다 도마뱀인 틸로사우루스가 물고기를 사냥하려고 해수면 가까이 접근한 프테라노돈을 덮치고 있다.

가상 배틀

몸집은 거대하지만, 몸무게가 의외로 가벼운 프테라노돈. 과연 난폭한 라텔을 한입에 삼킬 수 있을까?

⚡ 겁 없는 라텔과 익룡의 대결 ⚡

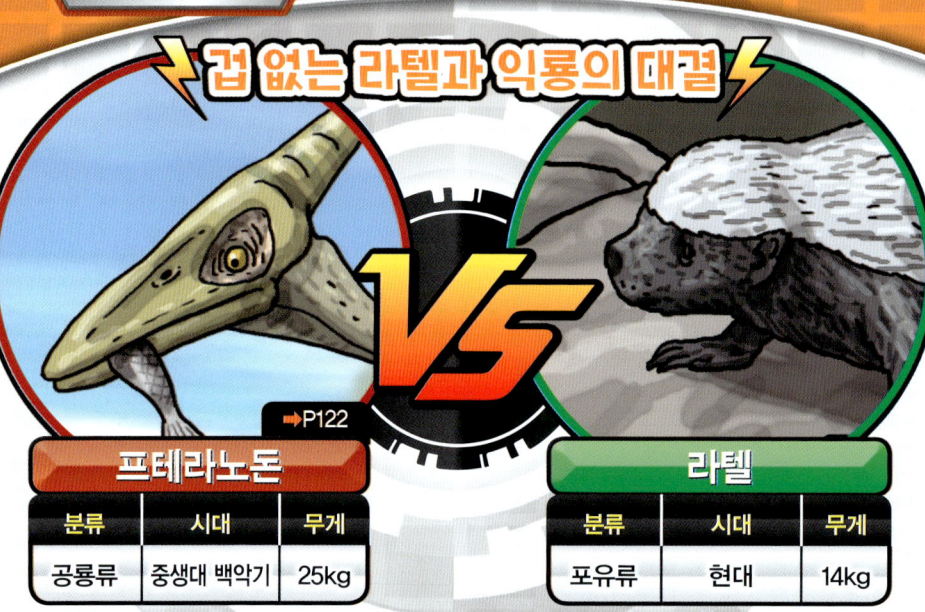

➡P122

프테라노돈

분류	시대	무게
공룡류	중생대 백악기	25kg

라텔

분류	시대	무게
포유류	현대	14kg

1

라텔이 물고기를 먹고 있는 프테라노돈에게 접근합니다.

가상 배틀

사상 최대의 비행 생물인 케찰코아틀루스와 현대 최강의 맹금류, 부채머리수리의 배틀!

크기와 스피드 대결

VS

➡P124

케찰코아틀루스

분류	시대	무게
공룡류	중생대 백악기	100kg

부채머리수리

분류	시대	무게
조류	현대	10kg

① 부채머리수리가 목을 노리고 급강하합니다!

특집 스피드 파이터

스피드 타입 공룡처럼 민첩함으로 천적을 교란했던 고생물이 있다. 이제는 볼 수 없는 스피드 파이터들을 소개한다.

시조새 (아르카이오프테릭스) 고대의 날개

크기 40cm | 먹이 고기 | 시대 쥐라기 후기

1860년 독일에서 발견되었다. 옛날에는 현대에 존재하는 모든 새의 선조로 여겨졌지만, 지금은 새와 특징이 비슷한 드로마에오사우루스(→P209) 그룹에 가깝다고 추측하고 있다.

 **스피드**

거대한 날개

날개폭이 넓지만, 길이는 짧다. 이런 날개는 숲에서 나무들 사이를 통과하는 데 적합했을 것이다.

 **공격**

이빨과 앞발 발톱

부리에 날카로운 이빨이 나 있으며, 앞발에 세 개의 발톱이 있었다. 현재 새들에게는 이런 무기가 없다.

특집 스피드 파이터

몸은 작지만, 순간적인 움직임으로 승부를 가르는 스피드 파이터!

에피덱시프테릭스

▶장식 깃털

- 크기: 25cm
- 먹이: 잡식
- 시대: 쥐라기 중기

중국에서 발견된 아주 작은 공룡이다. 꼬리에 네 개의 장식 깃털이 있지만 날개는 없어서 날 수 없었다.

레페노마무스

▶파충류를 닮은 포유류

- 크기: 1m (입 끝에서 꼬리 끝까지의 길이)
- 먹이: 고기
- 시대: 백악기 전기

중국에서 발견되었다. 공룡이 있던 시대에 살던 거대한 포유류로 새끼 공룡을 잡아먹은 흔적이 발견되었다.

메가네우라 ▶ 거대한 날개

| 크기 | 70cm (날개를 펼쳤을 때의 폭) |
| 먹이 | 곤충 | 시대 | 석탄기 |

프랑스와 미국에서 발견된 사상 최대의 곤충. 날개를 펴면 폭이 70cm이며 체중은 500g 정도 나갔을 것으로 보인다.

클라도셀라케 ▶ 나누어진 이빨 상어

| 크기 | 1.8m | 먹이 | 물고기 | 시대 | 데본기 |

북미에서 발견되었다. 빠르게 헤엄치면서 물고기를 잡아먹었던 것으로 보인다. 현존하는 상어는 입이 머리 아랫부분에 있고 이빨이 계속 새로 나지만 클라도셀라케의 입은 앞부분에 있었고 이도 새로 나지 않았다.

가상 배틀

18

시조새가 역사상 가장 큰 곤충인 메가네우라를 공격했다. 공중전에서 상대를 제압하는 쪽은 누굴까?

공중 이종(異種) 대결

VS

시조새 ➡P132

분류	시대	무게
조류	중생대 쥐라기	500g

메가네우라 ➡P135

분류	시대	무게
곤충류	고생대 석탄기	500g

1

시조새가 활공하며 메가네우라를 습격합니다!

일본 공룡 파워 파이터 랭킹

1위 티라노사우루스과 (➡ P18)

말이 필요 없는 최강 공룡! 하지만 일본에서는 작은 공룡밖에 발견하지 못했다.

발견된 장소 가고시마현 사츠마센다이 시, 구마모토현 미후네, 나가사키현 나가사키 시, 효고현 탄바 시·사사야마 시, 후쿠이현 오오노 시·후쿠이 시, 이시카와현 하쿠산 시 백악기 지층에서 이빨과 좌측 정강이뼈 화석이 발견되었다.

일본에도 공룡 화석이 발견되었지만, 이빨이나 발톱 등 신체 일부만이라 정확한 종류를 알 수 없는 경우가 많았다. 여기 소개한 공룡도 몸 일부밖에 발견되지 않았지만 모두 강력한 파워 파이터다.

2위
스피노사우루스과

발견된 장소 (➡ P70)

군마현 칸나 백악기 전기 지층에서 이빨 화석이 발견되었다.

좁고 긴 입으로 물고기를 덥석!

3위
테리지노사우루스과

발견된 장소 (➡ P198)

구마모토현 미후네, 홋카이도 나카가와 백악기 후기 지층에서 앞발 발톱과 이빨, 그리고 뇌 화석이 발견되었다.

사상 최대의 거대 발톱!

번외 편 — 이 공룡도 대단해!

기다란 목의 용각류

이와테현부터 가고시마현까지 백악기 지층에서 이빨과 다리뼈가 다수 발견되었다. 후쿠이티탄과 탐바티타니스처럼 일본에서 처음 발견하여 이름을 붙인 개체도 있다.

거대한 몸으로 쿵쿵!

일본에서 발견된 공룡 지도

화석이 발견되었어도 상세한 종류까지는 알 수 없는 경우가 많아, 여기서 소개하는 화석은 극히 일부이다.

일본은 중생대 지층이 지상으로 나온 곳이 적어, 공룡 화석이 그다지 발견되지 않는다. 하지만 동해에 접하는 호쿠리쿠에서 일본 중앙까지 이어지는 테도리 층군은 일본에서 손꼽는 화석 채집지로 알려졌는데, 쥐라기 중기부터 백악기 전기 공룡 화석이 몇 개씩이나 발견되었다.

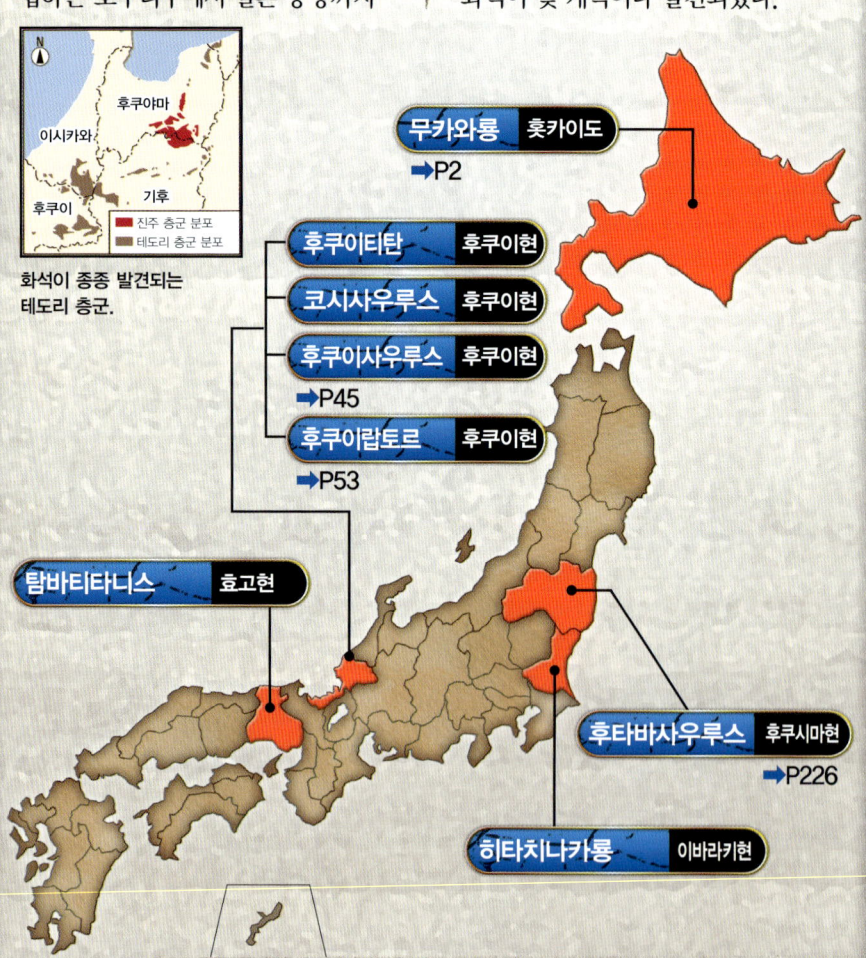

화석이 종종 발견되는 테도리 층군.

- 무카와룡 — 홋카이도 ➡P2
- 후쿠이티탄 — 후쿠이현
- 코시사우루스 — 후쿠이현
- 후쿠이사우루스 — 후쿠이현 ➡P45
- 후쿠이랍토르 — 후쿠이현 ➡P53
- 탐바티타니스 — 효고현
- 후타바사우루스 — 후쿠시마현 ➡P226
- 히타치나카룡 — 이바라키현

갸드 타입

대형 초식 공룡 중 방어력이 뛰어난 개체가 많다. 매우 큰 몸집으로 적이 다가오지 못하도록 하는 용각류와 단단한 갑옷으로 방어하는 곡룡류, 머리뼈가 두꺼운 후두류 등이 있다.

파키케팔로사우루스의 비밀

단단한 머리를 가진 후두류 중에서 가장 몸집이 큰 공룡이 바로 파키케팔로사우루스다.

파키케팔로사우루스 두꺼운 머리를 가진 도마뱀

- 크기: 7m
- 먹이: 식물
- 시대: 백악기 후기

미국에서 발견되었다. 이 공룡의 머리뼈는 사람의 머리뼈보다 약 50배나 두껍다. 머리 주위에 혹 같은 돌기가 나 있다.

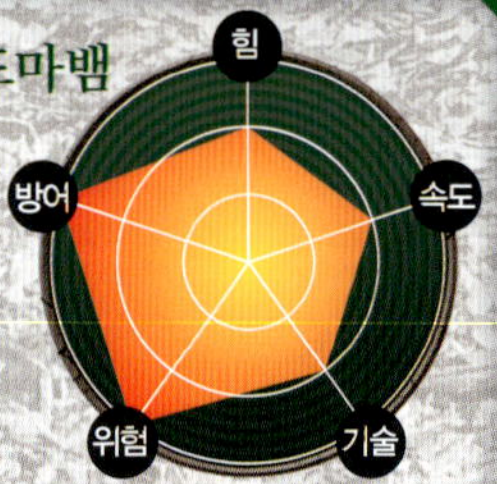

트라이아스기 쥐라기 **백악기**

방어
돌기 장식
머리 주위에 우둘투둘한 돌기가 여러 개 나 있다.

방어
솟아오른 머리
상대와 머리를 부딪치며 싸웠을 것으로 추정한다.

이 그룹에 속하는 공룡은 모두 머리뼈가 두껍고 단단해서 후두(厚頭)류라 불린다.

프레노케팔레

▶경사진 머리

- 크기: 2.5m
- 먹이: 식물
- 시대: 백악기 후기

몽골에서 발견되었다. 둥근 지붕 같은 머리에는 급격한 경사가 졌고, 주위에 작은 알갱이 모양의 돌기가 나 있다.

호마로케팔레

▶ 평평한 머리

| 크기 | 2m | 먹이 | 식물 | 시대 | 백악기 후기 |

몽골에서 발견되었다. 머리 정수리가 평평하다. 같은 장소에서 프레노케팔레도 발견된 것으로 보아, 호마로케팔레가 프레노케팔레의 새끼라는 설도 있다.

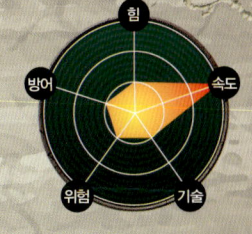

스테고케라스

▶ 뿔이 달린 머리

| 크기 | 2m | 먹이 | 식물 | 시대 | 백악기 후기 |

캐나다에서 발견되었다. 꼬리를 쭉 펴도 중대형 개만 하며, 몸무게가 20~30kg밖에 나가지 않았던 것으로 보인다.

신체 비밀을 파헤치다

파키케팔로사우루스의 머리뼈로 무엇을 알 수 있을까?

화석의 비밀

돔형 머리
솟아오른 머리는 모두 뼈인데, 두께가 무려 20cm나 됐다.

머리 주위의 돌기
머리 돌기에도 뼈가 있었다. 살아 있을 땐 뼈 위를 피부가 덮고 있었을 것이다.

작은 이빨
이빨이 나란히 나 있어. 잎이나 과일 등 부드러운 식물을 먹었을 것으로 보인다.

두껍고 단단한 머리뼈
공룡 머리뼈 화석은 좀처럼 발견하기 어렵지만 파키케팔로사우루스는 머리뼈 화석이 많이 발견되었다. 머리뼈가 단단해 화석으로 남기 쉬웠기 때문이다.

뼈의 비밀

목이 머리에 비해 매우 가늘다.

무거워 보이는 머리

머리를 겨우겨우 받치기만 했을 뿐… 몸 크기와 비교하면 목 두께는 정상이지만 거대한 머리뼈를 받치기에는 부족했다. 그 탓에 전력으로 박치기할 경우, 목뼈가 부러질 위험이 있었다.

가상 배틀 19

두꺼운 머리뼈와 커다란 뿔의 불꽃 튀는 대결. 큰뿔야생양은 3배가 넘는 체중 차이를 뛰어넘을 수 있을까?

박치기 대결

파키케팔로사우루스 →P142

분류	시대	무게
공룡류	중생대 백악기	500kg

큰뿔야생양

분류	시대	무게
포유류	현대	140kg

1

씩씩대며 노려보는 두 마리!

아파토사우루스의 비밀

옛날에 브론토사우루스로 알려졌던, 용각류 중에서 가장 유명한 공룡이다.

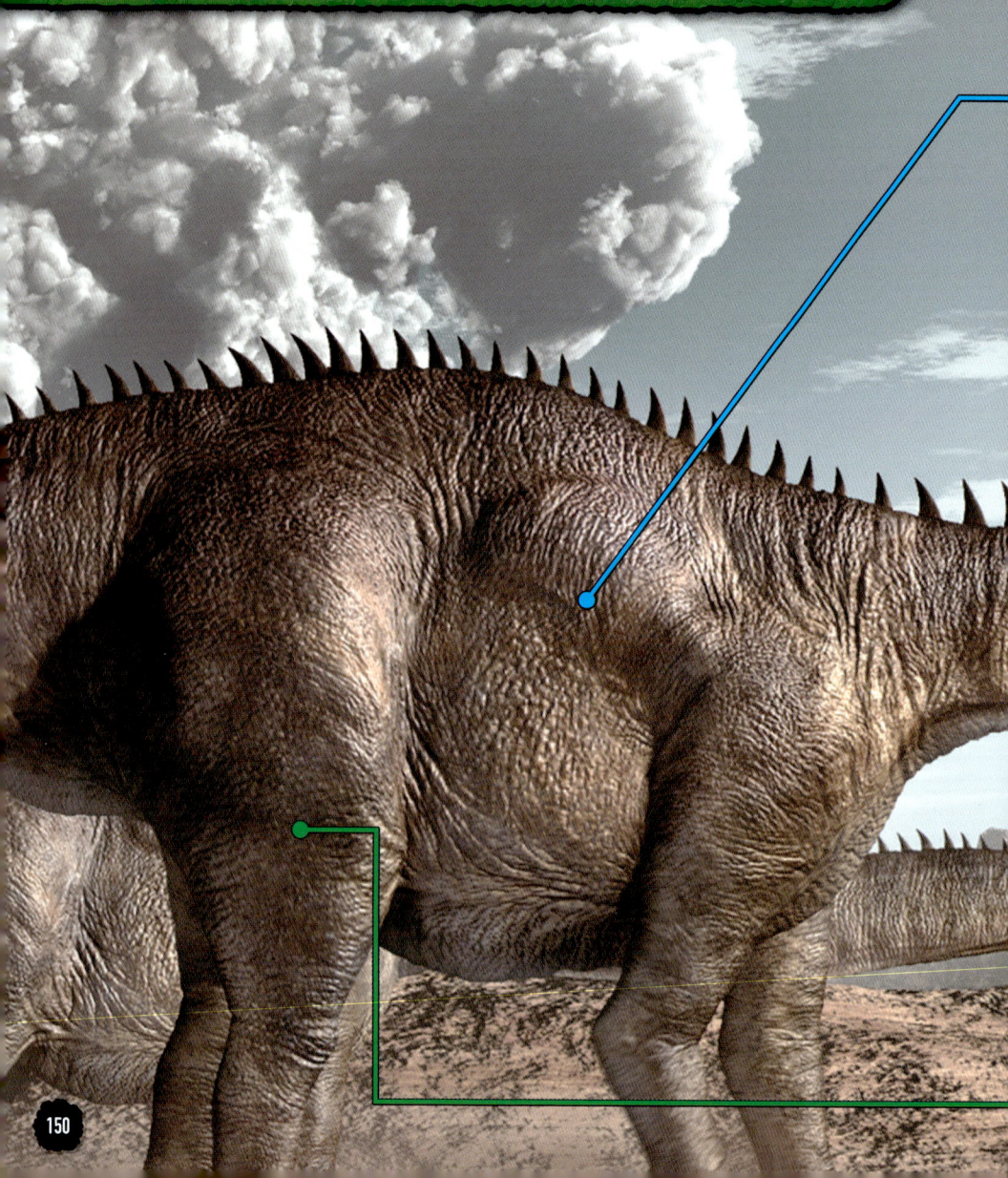

아파토사우루스 속이는 도마뱀

| 크기 | 26m | 먹이 | 식물 | 시대 | 쥐라기 후기 |

미국에서 발견되었다. 머리 부분이 말처럼 길고, 나란히 난 커다란 앞니로 나뭇잎을 씹어 먹었다.

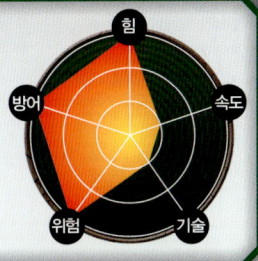

방어

나무통 같은 몸통

용각류 공룡 중 몸이 가장 둥글둥글하고 두꺼우며, 체중이 30t이나 나갔다.

특수

두꺼운 뒷다리

뒷다리가 두껍고 안정적이라 뒷다리와 꼬리로 몸을 지탱해 일어설 수 있었다.

트라이아스기 | 쥐라기 | 백악기

동료

목과 꼬리가 길고 거대한 몸을 지닌 용각류 중에서 다소 앞선 시기부터 살았던 그룹이다.

디플로도쿠스

▶ 두 개의 기둥

- 크기: 30m
- 먹이: 식물
- 시대: 쥐라기 후기

미국에서 발견되었다. 꼬리뼈 아래에 두 개의 돌기가 난 데에서 이름이 유래됐다. 긴 꼬리를 휘두르며 싸웠을 것으로 추측한다.

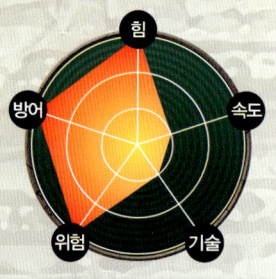

아마르가사우루스
▶ 아마르가 도마뱀

크기 ▶ 12m   먹이 ▶ 식물   시대 ▶ 백악기 전기

아르헨티나의 아마르가에서 발견되었다. 목부터 등까지 이어지는 뼈가 가시처럼 나 있는데, 갈기처럼 늘어서 있었다.

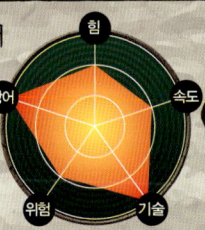

니제르사우루스
▶ 니제르의 도마뱀

크기 ▶ 10m   먹이 ▶ 식물   시대 ▶ 백악기 전기

서아프리카 니제르에서 발견되었다. 주둥이 끝의 폭이 넓고 평평했다. 이빨은 매우 작았으며, 빠졌다 다시 생기는 이빨까지 포함해 약 500개 이상 나 있었다.

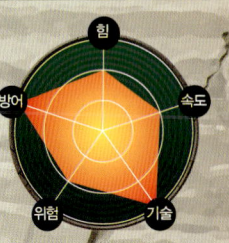

수퍼사우루스
▶ 거대한 도마뱀

크기 ▶ 34m   먹이 ▶ 식물   시대 ▶ 쥐라기 후기

미국에서 발견되었다. 쥐라기 최대급 공룡으로, 그 누구도 대적하지 못했을 것이다.

신체 비밀을 파헤치다

아파토사우루스처럼 용각류인 공룡들은 거대한 몸으로 천적을 막았다. 어떻게 이렇게까지 커질 수 있었을까?

뼈의 비밀

등뼈가 움푹 파인 부분이 많은 복잡한 형태라 뼈의 강도를 유지하면서 가벼웠다.

몸에 비해 머리가 극단적으로 작다. 뼈에 수많은 구멍이 나 있어 몸이 몹시 가벼웠다.

가벼울 수 있던 비결은 뼈의 형태!

의외로 가벼웠던 몸

옛날에는 몸이 너무 무거워 물속에서 살았을 거라고 생각했다. 지금은 아프리카코끼리 서너 마리 정도의 무게일 것으로 추측하며, 이 정도라면 육지에서도 충분히 살 수 있다.

리얼 배틀 디플로도쿠스 VS 알로사우루스

알로사우루스

디플로도쿠스

거대한 꼬리 채찍으로 적을 차단하다!

알로사우루스를 꼬리로 치다

무대는 쥐라기 후기의 북미 대륙. 공격하려는 알로사우루스(→P50) 무리에 대항하여 디플로도쿠스가 긴 꼬리를 채찍처럼 휘두르고 있다.

거대한 아파토사우루스를 상대로 알베르토사우루스가 어떻게 공격할까?

목 힘과 턱 힘 대결

➡ P150

아파토사우루스

분류	시대	무게
공룡류	중생대 쥐라기	30t

➡ P21

알베르토사우루스

분류	시대	무게
공룡류	중생대 백악기	2t

1

아파토사우루스가 꼬리를 세차게 휘두릅니다!

스테고사우루스의 비밀

머리부터 꼬리까지 넓적한 골판이 난 공룡들은 스테고사우루스와 같은 그룹에 속한다.

스테고사우루스
지붕 도마뱀

- **크기** 9m
- **먹이** 식물
- **시대** 쥐라기 후기

미국과 포르투갈에서 발견되었다. 검룡(劍龍)류 중 몸집이 가장 크다. 뒷발로 일어서 나뭇잎을 먹을 수 있었다. 뇌는 달걀의 무게와 비슷해 머리가 나빴을 것이다.

방어
등에 난 커다란 판
등을 지키고 몸을 커 보이게 했다. 흥분하면 색이 변해, 천적을 놀라게 했을 것으로 추측한다.

방어
목을 지키는 뼈
아래턱부터 목에 걸쳐 두툼한 동전 같은 뼈가 빈틈없이 분포되어 있어 급소인 목덜미를 보호했다.

검룡의 특징인 등 가운데 난 골판은 종에 따라 모양이 다양하다.

켄트로사우루스

▶ 끝이 뾰족한 도마뱀

- 크기: 5m
- 먹이: 식물
- 시대: 쥐라기 후기

동아프리카 탄자니아에서 화석이 발견되었다. 허리부터 꼬리에 걸쳐 날카로운 모양의 돌기가 났고, 꼬리를 휘둘러 싸웠을 것으로 추정한다.

다켄트루루스

▶ 끝이 뾰족한 꼬리

크기	8m
먹이	식물
시대	쥐라기 후기

유럽에서 발견되었다. 꼬리에 수많은 가시가 있으며, 목부터 등까지 나란히 난 판도 가시처럼 뾰족한 모양이다.

투오지앙고사우루스

▶ 뒤장의 도마뱀

| 크기 | 7m | 먹이 | 식물 | 시대 | 쥐라기 후기 |

중국 뒤장이라는 강 근처에서 발견되었다. 아시아 최대급 검룡으로, 켄트로사우루스와 비슷하지만 그보다 몸집이 더 크고 등에 난 판이 날카로웠다.

우에르호사우루스

▶ 우얼허의 도마뱀

| 크기 | 6m | 먹이 | 식물 | 시대 | 백악기 전기 |

중국 위구르 자치구 우얼허에서 발견되었다. 등의 판이 사각형 모양인 점이 특징이지만, 뾰족한 부분이 부러진 채 화석이 됐을 수도 있다.

신체 비밀을 파헤치다

쥐라기 최강의 초식 공룡은 공격과 수비의 균형이 뛰어난 스테고사우루스였을 것이다.

무기의 비밀

등에 뼈로 된 판이 나 있어, 천적이 뒤에서 공격하는 건 어려웠을 것이다.

꼬리 끝에 4개의 긴 가시가 있어, 적을 쫓는 데 효과적이었다.

목 피부는 급소를 보호하기 위해 딱딱한 뼈로 뒤덮혀 있었다.

등 판의 역할 등 판 속에 수많은 혈관이 흐르고 속이 비어 있어 생각보다 부서지기 쉬웠다. 방어 역할보다는 체온을 조절하고 암컷의 호감을 사는 용도로 주로 쓰였을 것이다.

리얼 배틀: 스테고사우루스 VS 알로사우루스

쥐라기를 대표하는 공룡들의 대결!

스테고사우루스

알로사우루스

알로사우루스에게 포위당했다!

무대는 쥐라기 후기의 북미 대륙. 알로사우루스(→P50)에게 둘러싸인 스테고사우루스가 뒷발로 일어서서 필사적으로 저항한다.

가상 배틀 21

현대의 대형 육식 동물은 거대한 스테고사우루스를 사냥할 수 있을까?

가시와 송곳니 대결

VS ➡P158

스테고사우루스		
분류	시대	무게
공룡류	중생대 쥐라기	3t

호랑이		
분류	시대	무게
포유류	현대	300kg

1

서로 대치 중인 두 마리. 스테고사우루스가 골판을 세우며 위협합니다.

가상 배틀 22

알로사우루스의 공격을 받은 켄트로사우루스는 날카로운 돌기로 반격할 수 있을까?

가시와 송곳니 대결

켄트로사우루스 ➡P160
분류	시대	무게
공룡류	중생대 쥐라기	1.5t

알로사우루스 ➡P50
분류	시대	무게
공룡류	중생대 쥐라기	3t

1

켄트로사우루스를 발견한 알로사우루스가 달려갑니다!

브라키오사우루스의 비밀

거대한 몸집이 특징인 용각류 중에서도 앞다리가 길고 키가 큰 공룡이 바로 브라키오사우루스다.

 방어

채찍 같은 꼬리

긴 꼬리를 휘둘러 육식 공룡을 쫓아냈을 것이다.

 방어

거대한 몸

과거에 공룡 중 가장 크다고 생각했을 만큼 거대한 몸을 자랑한다. 추정 체중은 40t이다.

브라키오사우루스 팔 도마뱀

크기 26m **먹이** 식물 **시대** 쥐라기 후기

19세기 말에 미국에서 발견되었다. 20세기까지 세계에서 제일 큰 공룡으로 알려졌었다. 다른 용각류와 달리 앞다리가 뒷다리보다 훨씬 길어 이런 이름을 지었다.

트라이아스기 | 쥐라기 | 백악기

동료

아파토사우루스 무리보다 진화한 용각류 그룹이다.

사우로포세이돈

▶도마뱀계의 포세이돈

- **크기** 30m
- **먹이** 식물
- **시대** 백악기 전기

미국에서 화석이 발견되었다. 목뼈가 길어 브라키오사우루스보다 키가 더 컸을 수 있다.

기라파티탄

▶ 거대한 기린

| 크기 | 26m | 먹이 | 식물 |

| 시대 | 쥐라기 후기 |

동아프리카 탄자니아에서 발견되었다. 오랫동안 브라키오사우루스인 줄 알았으나, 최근에는 다른 공룡으로 분류할 때가 많다.

카마라사우루스

▶ 방 도마뱀

| 크기 | 18m | 먹이 | 식물 |

| 시대 | 쥐라기 후기 |

미국에서 발견되었다. 등뼈가 가볍고 속에 틈이 많아 이런 이름이 붙었다.

신체 비밀을 파헤치다

거대한 공룡, 브라키오사우루스는 어떻게 살았을까? 신체 구조와 함께 살펴보자.

몸의 비밀

앞다리가 길어 어깨 위치가 높았다!

기린처럼 목을 길게 뻗어 높이 있던 나뭇잎을 먹었다.

키가 큰 공룡 | 1900년에 발견된 뒤로 오랜 시간 가장 큰 공룡으로 알려졌었다. 현재는 아르젠티노사우루스(→P30)와 수퍼사우르스(→P153) 등 더 큰 공룡이 발견됐다.

리얼 배틀: 브라키오사우루스 VS 알로사우루스

브라키오사우루스
알로사우루스

브라키오사우루스, 이대로 지는 것인가?

쓰러지면 더는 방법이 없다

무대는 쥐라기 후기의 북미 대륙. 알로사우루스(→P50)가 앞발 발톱으로 브라키오사우루스의 옆구리를 찢고 있다. 과연 이대로 당하고 말 것인가!

가상 배틀

몸무게 차이는 무려 만 배!
레페노마무스는 이 절망적인
상황을 뒤집을 수 있을까?

대소(大小) 대결

브라키오사우루스 ➡P168

분류	시대	무게
공룡류	중생대 쥐라기	60t

레페노마무스 ➡P134

분류	시대	무게
포유류	중생대 백악기	6kg

1

알을 먹는 레페노마무스,
밟히기 직전이군요!

안킬로사우루스의 비밀

딱딱한 갑옷으로 몸을 보호한 곡룡류 중 가장 큰 공룡이 바로 안킬로사우루스다.

안킬로사우루스 연결된 도마뱀

크기 9m | 먹이 식물 | 시대 백악기 후기

북미에서 발견되었다. 머리가 역삼각형이며 턱에는 잎 모양의 작은 이빨이 많이 나 있었다.

 **방어**

갑옷으로 뒤덮인 몸
피부와 뼈가 이어진 갑옷이 머리부터 꼬리까지 뒤덮었다.

 **공격**

꼬리 끝 곤봉
꼬리 끝에 뼈가 뭉쳐 묵직했는데, 이것을 휘둘러 공격했다.

트라이아스기 | 쥐라기 | **백악기**

갑옷룡으로도 불리는 곡룡은 꼬리 끝에 곤봉이 있는 것과 없는 것이 있다.

에우오플로케팔루스

▶ 잘 무장된 머리

- 크기: 7m
- 먹이: 식물
- 시대: 백악기 후기

북미에서 발견되었다. 이름은 딱딱한 판이 덮여 있는 얼굴에서 유래했다. 몸도 거북처럼 딱딱한 갑옷으로 뒤덮였다.

피나코사우루스

▶ 두꺼운 판 도마뱀   크기 5m

먹이 식물   시대 백악기 후기

몽골과 중국에서 발견되었다. 온몸은 갑옷으로 뒤덮였고, 꼬리를 휘둘러 공격했던 것으로 미루어 보아, 아시아에서 무적이었을 것이다.

사우로펠타

▶ 도마뱀의 방패

크기 7.5m   먹이 식물

시대 백악기 전기

미국에서 발견되었다. 곡룡류 중 꼬리 끝에 곤봉이 없는 그룹이다. 목부터 어깨에 걸쳐 커다란 가시가 나 있다.

가르고일레오사우루스

▶ 가고일을 닮은 도마뱀   크기 3m

먹이 식물   시대 쥐라기 후기

미국에서 발견되었다. 사우로펠타와 마찬가지로 꼬리 끝에 곤봉이 없다.

신체 비밀을 파헤치다

안킬로사우루스는 어떻게 몸을 지켰을까? 신체 구조로 알아보자.

몸의 비밀

이런 체형이면 육식 공룡이 표적으로 삼기 어렵다. 게다가 윗면은 딱딱한 갑옷이 보호하고 있다.

곤봉으로 적의 뼈를 바스러뜨리다!

강력한 꼬리 곤봉

꼬리 끝에 있던 곤봉 중 큰 것은 세로 60cm, 가로 45cm나 되었다. 위아래로 움직일 수 없지만, 몸을 비틀어 옆으로 휘둘렀을 것으로 보인다.

리얼 배틀: 안킬로사우루스 VS 사우롤로푸스

사우롤로푸스

더 이상 다가오지 마!

안킬로사우루스

마지못해 물러나는 안킬로사우루스

무대는 백악기 후기의 북미 대륙. 가끔 초식 공룡끼리 싸웠다. 사우롤로푸스의 서식지에 너무 가까이 접근한 안킬로사우루스가 쫓겨나고 있다.

가상 배틀

가스토르니스는 육식 공룡을 닮은 거대한 새다. 과연 안킬로사우루스의 갑옷 방패를 뚫을 수 있을까?

해머와 킥의 대결

안킬로사우루스 →P176

분류	시대	무게
공룡류	중생대 백악기	8t

가스토르니스

분류	시대	무게
조류	신생대 제3기	500kg

1

안킬로사우루스의 등에 올라탄 가스토르니스가 목을 쪼아 댑니다!

가상 배틀 25

사우로펠타와 싸우는 상대는 거대한 아르마딜로인 도에디쿠루스. 둘 다 딱딱한 갑옷으로 무장한 채 승부를 가린다!

단단한 갑옷 대결

VS

→P179

사우로펠타
분류	시대	무게
공룡류	중생대 백악기	3t

도에디쿠루스
분류	시대	무게
포유류	신생대 제4기	2.4t

1

사우로펠타가 몸을 부딪칩니다. 하지만 온몸이 딱딱한 도에디쿠루스에게 상처 하나 입히지 못합니다!

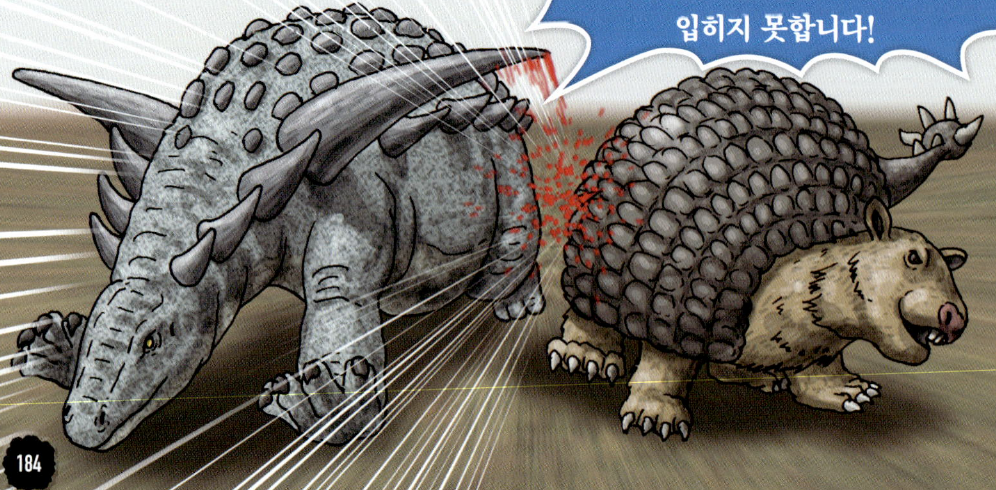

특집 가드 파이터

수비가 뛰어난 가드 파이터는 공룡의 공격에도 끄떡없었을 것이다.

🛡 **방어**

커다란 등딱지

현재의 거북과 비교하면 뼈로 덮인 부분은 적지만, 두꺼운 피부가 이를 대신했다. 그 덕에 체중이 의외로 가벼웠다.

공격

탄탄한 부리

머리가 크고 부리 끝이 휘어져 있어 암모나이트도 으깰 수 있었다.

아르케론 *거북의 왕*

- 크기 4m
- 먹이 고기
- 시대 백악기 후기

미국에서 발견된 역사상 최대 크기의 거북. 얕은 바다에서 오징어나 해파리를 먹고 살았다.

특집 가드 파이터

수비가 뛰어난 동물은 딱딱한 갑옷이나 방패를 갖춘 경우가 많다.

헤노두스 ▶한 개의 이빨

크기	1m
먹이	고기
시대	트라이아스기 후기

독일에서 화석이 발견되었다. 등딱지가 있는 거북이 아닌, 수생 파충류에 가까운 판치류라는 그룹이다. 위턱에 앞니가 좌우 한 개씩밖에 없다.

파라독시데스

▶ 불가사의한 존재

| 크기 | 1m | 먹이 | 플랑크톤 |

| 시대 | 캄브리아기 중기 |

유럽과 북아프리카, 그리고 북미에서 화석이 발견되었다. 고생대에 번성해 1만 종 이상 있던, 최대급 삼엽충이다.

프테라스피스

| 크기 | 25cm | 먹이 | 플랑크톤 | 시대 | 데본기 |

▶ 날개 방패

유럽에서 발견되었다. 머리 부분에 삼각형 모양의 날개처럼 생긴 판이 있다. 세계 최초로 바다에서 강으로 이주한 물고기로 추측하고 있다.

암모나이트

▶ 아몬의 뿔

| 크기 | 2m | 먹이 | 플랑크톤 |

| 시대 | 데본기에서 백악기 |

전 세계에서 1만 종 이상 발견되었다. 문어와 앵무조개에 가깝지만, 딱딱한 겉껍데기를 지녔다. 화석으로 발견된 건 겉껍데기뿐이라. 신체에 대해서는 알려진 게 별로 없다.

※ 암모나이트의 크기는 겉껍데기의 지름으로 나타냈습니다.

가상 배틀 26

가드 파이터인 카메로케라스의 상대는 최대급 문어인 대왕문어. 두족류 최강자는 과연 누구일까?

철갑 오징어 대 문어

카메로케라스

분류	시대	무게
두족류	고생대 오르도비스기	400kg

대왕문어

분류	시대	무게
두족류	현대	270kg

1

카메로케라스를 발견한 대왕문어, 바다 밑에서 불쑥 올라옵니다!

가상 배틀 27

사상 최대급 거북인 아르케론과 거대 동물 팔레오파라독시아의 대결!

해변의 정복자 대결

 VS

➡P186

아르케론

분류	시대	무게
거북류	중생대 백악기	400kg

팔레오파라독시아

분류	시대	무게
포유류	신생대 제3기	900kg

1

알을 낳으러 온 아르케론이 팔레오파라독시아를 쫓아내려고 합니다.

거대 공룡 랭킹

1위 아르젠티노사우루스 (➡P30)

크기 ▶ 40m, 90t

시대 ▶ 백악기 후기

신체 일부밖에 발견되지 않았지만, 등뼈 한 개의 크기가 무려 1.3m에 달했기에, 이를 바탕으로 추정했다. 그 결과 현재까지 알려진 공룡 중 가장 큰 공룡으로 자리매김했다.

거대 공룡이라 하면 용각류를 빼놓을 수 없다. 목과 꼬리가 몸의 절반을 차지하며 전체 몸길이가 40m라도 몸통은 길어야 10m 내외이다. 하지만 이 정도도 코끼리나 기린에 비할 수 없는 역사상 최대의 육상 동물이다.

2위 푸에르타사우루스

- 크기: 40m, 80t
- 시대: 백악기 후기

아르젠티노사우루스에 가까운 종류로, 같은 지역에서 화석이 발견되었다.

3위 디플로도쿠스 (➡P152)

- 크기: 35m, 30t
- 시대: 쥐라기 후기

쥐라기 공룡 중 최대급이다. 특히 꼬리가 길어, 전체 몸길이의 반을 차지했다.

번외 편 — 이 공룡도 대단해!

브라키오사우루스
(➡P168)

- 크기: 26m, 40t
- 시대: 쥐라기 후기

1900년에 발견됐으며 20세기 후반까지 전 세계에서 가장 큰 공룡으로 알려졌었다.

괴상한 모습의 공룡

현대 생물과 비교하면 공룡은 모두 괴상한 모습이다.
여기에서는 그런 공룡 중 유난히 독특한 공룡을 소개한다.

아마르가사우루스 (➡P153)

크기 12m

시대 백악기 전기

목 모양이 특이해!

아마르가사우루스는 용각류 중에서 소형이지만, 목뼈의 뾰족한 돌기로 몸을 크게 보이려고 했다.

머리에 두 개의 볏이!

(➡P116)

딜로포사우루스

크기 7m **시대** 쥐라기 전기

코 윗부분의 뼈가 올라가 있으며 원반 모양의 볏이 두 개 있다. 닭의 볏처럼 힘을 과시하는 역할을 한 것으로 보인다.

이상한 모양의 볏이!

(➡P221)

람베오사우루스

크기 9m **시대** 백악기 후기

람베오사우루스는 오리 주둥이와 볏을 가진 하드로사우루스과지만 볏 모양이 특이하다. 이는 소리 내서 동료와 의사소통하는 데 도움을 주었던 것으로 보인다.

4 테크닉 타입

일부 공룡들은 진화의 결과,
다른 개체는 흉내 낼 수 없는 능력을 지니게 됐다.
다양한 특기로 험난한 공룡 시대에서
살아남은 공룡들을 만나 보자.

테리지노사우루스의 비밀

앞발 발톱이 낫처럼 얇고 가늘다.
모든 생물 중 가장 긴 발톱을 가졌다.

 특수

큰 배에 묵직한 몸

식물을 소화하기 위해 장이 길었고 그 탓에 배가 불룩했으며 느리게 달렸다.

테리지노사우루스 절단하는 도마뱀

크기 9.5m | 먹이 식물 | 시대 백악기 후기

몽골에서 화석이 발견돼 짧은 깃털이 났다는 것을 알았다. 비교적 긴 앞발을 가졌으나 걷는 데 사용하지 않았다.

공격

앞발에 달린 세 개의 발톱

도망치기 어려워 1m가 넘는 강력한 발톱으로 육식 공룡을 쫓아 버렸을 것이다.

동료

테리지노사우루스 무리는 모두 두 발로 걸을 수 있으며, 긴 앞다리와 발톱을 지녔다.

알사사우루스 ▶ 알사 도마뱀

- 크기: 3.8m
- 먹이: 식물
- 시대: 백악기 전기

내몽골 자치구인 알사에서 거의 모든 몸의 뼈가 발견되었다. 몸통은 달걀 모양으로 뒷다리가 짧은 편이다.

에를리코사우루스
▶ 에를릭의 도마뱀

| 크기 | 3.5m | 먹이 | 식물 |

| 시대 | 백악기 후기 |

몽골과 중국에서 발견되었다. 네 개의 긴 앞발 발톱이 에를릭이라는 죽음의 신을 연상하게 하여 붙은 이름이다.

난쉉고사우루스
▶ 난슝의 도마뱀

크기	4.5m
먹이	식물
시대	백악기 후기

중국 난슝에서 발견되었다. 테리지노사우루스 무리 중 가장 원시적이며 아직 다리뼈가 발견되지 않아 발톱이 얼마나 큰지 밝히지 못했다.

노트로니쿠스
▶ 나무늘보 같은 발톱

| 크기 | 6m | 먹이 | 식물 |

| 시대 | 백악기 후기 |

미국에서 발견되었다. 대형 초식 동물인 메가테리움처럼 갈고리발톱으로 식물을 끌어당겨 먹었을 것이다.

신체 비밀을 파헤치다

테리지노사우루스의 길고 커다란 발톱은 도대체 어떻게 썼을까?

그 어떤 동물보다도 긴 발톱!

무기의 비밀

네 개의 발가락에는 짧은 발톱이 나 있다.

낫처럼 생긴 앞발 발톱
커다란 발톱으로 육식 공룡과 싸우거나 흰개미집을 부수었을 것으로 추측하고 있다. 앞발을 자유롭게 움직일 수 있기에 식물을 베어 내 입으로 옮기는 것도 가능했을 것이다.

가상 배틀 28

테리지노사우루스에 대적하는 거대 나무늘보, 메가테리움. 둘 다 긴 발톱이 무기다!

긴 발톱 대결

테리지노사우루스 ➡P198

분류	시대	무게
공룡류	중생대 백악기	5t

메가테리움

분류	시대	무게
포유류	신생대 제4기	3t

1

앞발을 좌우로 크게 벌리며 위협하는 테리지노사우루스!

벨로키랍토르의 비밀

깃털이 있는 소형 육식 공룡. 위아래로 움직일 수 있는 뒷다리의 거대한 발톱이 무기다.

스피드

긴 꼬리로 균형을 잡는다

몸이 가벼워 점프가 특기였을 것으로 추측한다. 긴 꼬리를 크게 휘둘러 급정지나 방향 전환을 자유자재로 했던 것으로 보인다.

벨로키랍토르 날쌘 도둑

| 크기 | 1.8m | 먹이 | 고기 | 시대 | 백악기 후기 |

중국과 몽골에서 발견되었다. 영화 『쥬라기 공원』에서는 대형 육식 공룡으로 묘사됐지만, 사실은 개 정도의 크기였다.

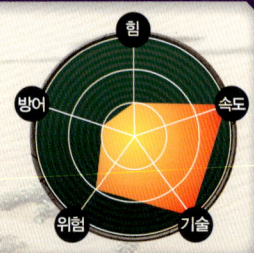

공격

뒷다리의 두 번째 발가락

뒷다리의 발톱 중 한 개만 크다. 먹잇감의 숨통을 끊는 무기로 사용한 것으로 보인다.

트라이아스기 | 쥐라기 | **백악기**

벨로키랍토르 무리는 조류의 조상으로 모두 깃털을 가지고 있다.

데이노니쿠스

▶무시무시한 발톱

| 크기 | 4m | 먹이 | 고기 | 시대 | 백악기 전기 |

날쌘 몸과 날카로운 발톱을 가진 공룡이다. 미국에서 여러 데이노니쿠스가 초식 공룡인 테논토사우루스와 함께 발견된 것으로 보아 집단으로 사냥했을 수 있다.

드로마에오사우루스
▶ 달리는 도마뱀

크기	1.8m
먹이	고기
시대	백악기 후기

북미에서 발견되었다. 벨로키랍토르와 비슷한 크기지만 머리가 커서 무는 힘이 세 배 이상 되었을 것으로 추정한다.

미크로랍토르
▶ 작은 도둑

크기	90cm
먹이	고기
시대	백악기 전기

중국에서 발견되었다. 미크로랍토르처럼 날개 모양의 앞발을 가진 공룡은 매우 드물다. 활공하거나 날갯짓을 했을 것으로 추정한다.

유타랍토르
▶ 유타의 약탈자

크기	7m
먹이	고기
시대	백악기 전기

미국 유타주에서 발견되었다. 여기서 조류의 조상으로 소개한 공룡 중 가장 크다. 앞발이 길며 날카로운 발톱으로 습격했을 것으로 보인다.

신체 비밀을 파헤치다

벨로키랍토르의 무기는 뒷발 발톱과 재빠른 몸놀림이었다.

뒷발 발톱으로 사냥감을 갈가리 찢는다!

무기의 비밀

달릴 때는 발톱을 위로 올려서 날카롭게 유지했다.

사냥감의 급소를 찌르다
재빠른 몸놀림으로 적을 혼란에 빠뜨린 뒤, 뒷발로 치명타를 입히는 것이 벨로키랍토르의 필승 전략이다. 벨로키랍토르의 발톱이 목에 박힌 채로 죽은 프로토케라톱스(→P60)의 화석도 발견되었다.

가상 배틀

벨로키랍토르에게 기습당한 일본사슴. 단단한 뿔로 쫓아낼 수 있을까?

발톱과 뿔의 대결

벨로키랍토르 ➡P206

분류	시대	무게
공룡류	중생대 백악기	16kg

VS

일본사슴

분류	시대	무게
포유류	현대	100kg

1

벨로키랍토르가 나뭇잎을 먹고 있는 사슴을 덮칩니다!

가상 배틀 30

민첩한 공룡, 데이노니쿠스와 대적하는 동물은 최대급 육식 동물인 불곰이다!

⚡ 육식 공룡 대 육식 동물 ⚡

데이노니쿠스 →P208

분류	시대	무게
공룡류	중생대 백악기	80kg

불곰

분류	시대	무게
포유류	현대	500kg

1

데이노니쿠스, 공중회전을 하며 불곰을 덮칩니다!

가상 배틀 31

원시적인 유대류인 델타테리듐을 발견한 미크랍토르, 유대류와 공룡의 한판 승부! 승자는 누가 될 것인가?

소형 공룡과 유대류 대결

미크랍토르 ➡P209

분류	시대	무게
공룡류	중생대 백악기	3kg

델타테리듐

분류	시대	무게
포유류	중생대 백악기	200g

① 미크랍토르가 델타테리듐을 습격하려고 하네요!

2 델타테리듐이 발버둥 치며 격렬하게 저항합니다!

3 어미를 구하기 위해 델타테리듐의 새끼들이 적의 몸을 갉아 먹네요!

4 도망치려는 미크로랍토르를 물어 버립니다!

델타테리듐 승!

파라사우롤로푸스의 비밀

입이 오리처럼 넓적하고 볏이 뒤로 길게 뻗은 초식 공룡이다.

파라사우롤로푸스
사우롤로푸스를 닮다

크기 10m   먹이 식물

시대 백악기 후기

북미에서 발견되었다. 머리 뒤에 볏 모양의 돌기가 달린 공룡인 사우롤로푸스를 닮아서 이런 이름이 붙었다.

 **특수**

뒤로 길게 뻗은 볏

볏을 이루는 뼛속이 비어 있어서 코를 울리면 나팔처럼 소리가 울려 퍼졌을 것이라고 추측한다.

 **특수**

끝이 평평한 주둥이

파라사우롤로푸스와 같은 그룹인 공룡들은 오리처럼 주둥이가 납작하여, 하드로사우루스과(오리 주둥이 공룡)라고 불린다. 입 앞부분에는 이빨이 없지만, 안쪽에는 작은 어금니가 빽빽이 나 있다.

트라이아스기 쥐라기 **백악기**

이 그룹에 속하는 공룡들은 하드로사우루스류 중에서도 진화한 종이다.

코리토사우루스

▶ 헬멧 도마뱀

| 크기 | 9m | 먹이 | 식물 | 시대 | 백악기 후기 |

캐나다에서 발견되었다. 고대 그리스의 코린트식 헬멧 장식과 원반형 볏 모양이 닮아서 이런 이름이 붙었다.

코린트식 헬멧

람베오사우루스

▶람베의 도마뱀

| 크기 | 9m | 먹이 | 식물 |

| 시대 | 백악기 후기 |

미국, 캐나다 등 북미 지역에서 발견되었다. 화석을 발견한 캐나다인인 람베 박사를 기리는 의미로 이름을 붙였다.

에드몬토사우루스

▶에드몬톤의 도마뱀

크기	12m
먹이	식물
시대	백악기 후기

캐나다 에드몬톤에서 발견되었다. 천 개가 넘는 이빨이 나 있어 식물을 잘게 부수어 먹을 수 있었다.

마이아사우라

▶착한 어미 도마뱀

크기	9m
먹이	식물
시대	백악기 후기

미국에서 발견되었다. 하드로사우루스류 중에서도 볏이 없는 그룹에 속한다. 아기 공룡을 키우는 어미 공룡 화석이 처음으로 발견되어 이런 이름을 붙였다.

신체 비밀을 파헤치다

파라사우롤로푸스의 볏은 어떤 역할을 했을까? 공룡의 특징과 기다란 볏에 숨겨진 비밀을 알아보자.

특수한 이빨
예비 이빨을 포함해 이빨이 몇 열씩 빽빽이 나 있다. 이를 Dental Battery(이빨의 무리)라고 한다.

텅 비어 있는 볏
볏 속에 파이프처럼 가는 길이 뚫려 있다.

볏의 모양
같은 종이라도 나이나 성별에 따라 모양이 조금씩 다르다.

화석의 비밀

나팔 소리를 내다
다 자란 수컷일수록 볏이 크며, 긴 것은 1.8m나 되었다. 볏 속이 비어 있고 콧구멍까지 연결돼 소리를 커다랗게 증폭시킬 수 있었던 것으로 추정한다.

볏의 비밀

육식 공룡에게 들키지 않고 동료를 부르거나 암컷의 마음을 끄는 데 사용했을 것이다.

서로 마주 보며 큰 소리로 울어 대다

볏으로 소리를 울리다

공기를 힘껏 들이마신 뒤 볏으로 소리를 울렸다. 육식 공룡에게는 들리지 않는 낮은 소리로 동료끼리 의사소통하였을 것으로 추정한다.

가상 배틀 32

덩치로는 파라사우롤로푸스가 유리하지만, 큰 목소리라면 주머니긴팔원숭이도 지지 않는다!

울음소리 대결

VS ➡P218

파라사우롤로푸스
분류	시대	무게
공룡류	중생대 백악기	6t

주머니긴팔원숭이
분류	시대	무게
포유류	현대	14kg

1

나무 위를 돌아다니다 파라사우롤로푸스 발견한 주머니긴팔원숭이!

후타바사우루스의 비밀

바다에 사는 목이 긴 파충류. 뱀과 도마뱀에 가까운 수장룡 그룹이다.

스피드

지느러미가 된 발
배를 움직이는 노와 비슷한 모양으로 발이 진화했다. 지느러미로 날갯짓하듯 수영했을 것이다.

후타바사우루스 후타바의 도마뱀
크기 7m **먹이** 오징어, 물고기 **시대** 백악기 후기

후쿠시마현 후타바 층군에서 당시 고등학생이었던 스즈키 타다시 씨가 공룡의 뼈를 발견하였다. 발견 후 38년이 흐른 2006년에야 비로소 후타바사우루스라는 정식 이름이 생겼다.

특수

독특한 번식 방법

수장룡의 새끼는 어미 몸속에서 알을 깨고 몸 밖으로 나온다. 그렇기에 바다거북처럼 육지로 올라올 필요가 없었다.

트라이아스기 쥐라기 **백악기**

물속에서 숨을 쉴 수 없는 수장룡은 목이 긴 종류와 짧은 종류로 나뉜다. 모두 발이 지느러미로 변했다.

엘라스모사우루스

▶ 얇은 판이 있는 도마뱀

| 크기 | 14m | 먹이 | 오징어 | 시대 | 백악기 후기 |

미국에서 발견되었다. 세계에서 가장 긴 목을 가진 동물로 목뼈가 70개 이상 될 정도이다. 처음 발견했을 때는 이것을 꼬리라고 생각해 잘못 복원하기도 했다.

플레시오사우루스

▶ 파충류에 가깝다

| 크기 | 3.5m | 먹이 | 오징어, 물고기 |

| 시대 | 쥐라기 전기 |

영국에서 발견되었다. 수장룡의 전형적인 모습이며, 네스호 괴물인 네시의 모델이기도 하다.

플리오사우루스

▶ 도마뱀 이상이다

| 크기 | 12m |

| 먹이 | 고기, 물고기 | 시대 | 쥐라기 후기 |

영국에서 발견되었다. 목이 짧은 편이며 악어처럼 긴 주둥이를 지닌 장경룡류의 대표종이다.

크로노사우루스

▶ 거대한 도마뱀

| 크기 | 10m | 먹이 | 고기, 물고기 |

| 시대 | 백악기 전기 |

호주와 남미에서 발견되었다. 플리오사우루스에 가까운 종으로 최강의 포식자인 티라노사우루스보다 무는 힘이 셌을 가능성이 있다.

신체 비밀을 파헤치다

수장룡은 바다에 서식하는 파충류다.
이들은 과연 어떻게 생활했을까?

가늘고 뾰족한 이빨이 나 있어, 사냥감을 놓치지 않았다.

무기의 비밀

몸보다 긴 목 — 엘라스모사우루스의 목은 70개 이상의 뼈로 이루어져 척추동물 중에서 가장 많다. 물속에서 머리를 자유롭게 움직이며 먹이를 사냥했을 것이다.

리얼 배틀
플레시오사우루스 VS 플레시오사우루스

약점인 목을 노려라!

바다 위의 승부

무대는 쥐라기 전기의 바다. 얕은 바다에 모여 살았을 것으로 추정하는데, 수컷끼리 암컷을 두고 싸운 적도 있을 것이다.

가상 배틀

33

수장룡 앞에서는 거대한 대왕오징어도 먹잇감에 불과할까?

긴 목과 긴 다리의 대결

VS

후타바사우루스 →P226

분류	시대	무게
수장룡류	중생대 백악기	4t

대왕오징어

분류	시대	무게
두족류	현대	270kg

1

오징어 다리를 발견해 덥석 무는 후타바사우루스!

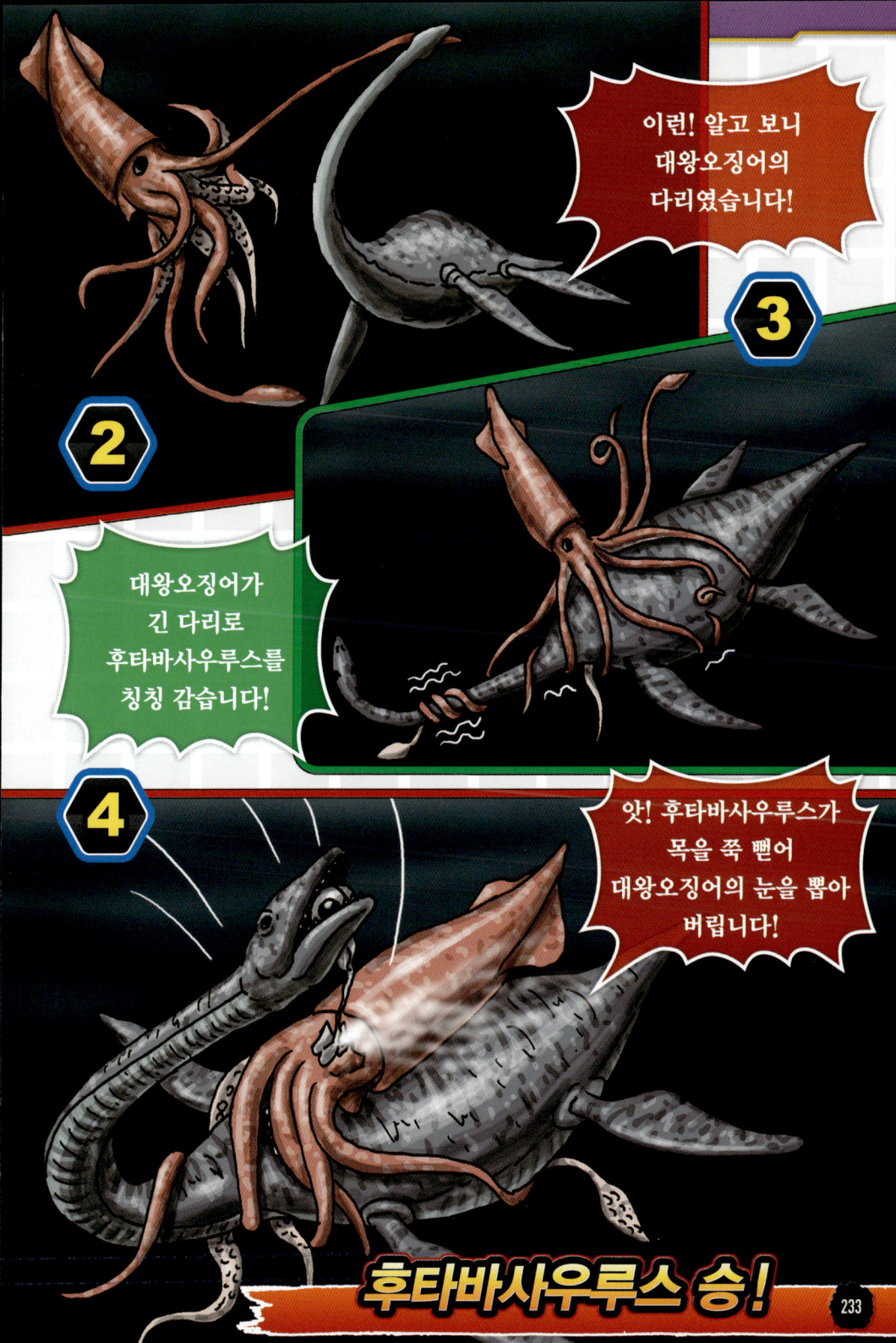

가상 배틀 34

거대한 백상아리 메갈로돈과 최대급 수장룡의 긴장감 넘치는 한판 승부!

무는 힘 대결

➡P229 **플리오사우루스**

분류	시대	무게
수장룡류	중생대 쥐라기	45t

➡P81 **메갈로돈**

분류	시대	무게
연골어류	신생대 제3기	60t

1

크아

커다란 입을 벌리며 서로 위협합니다!

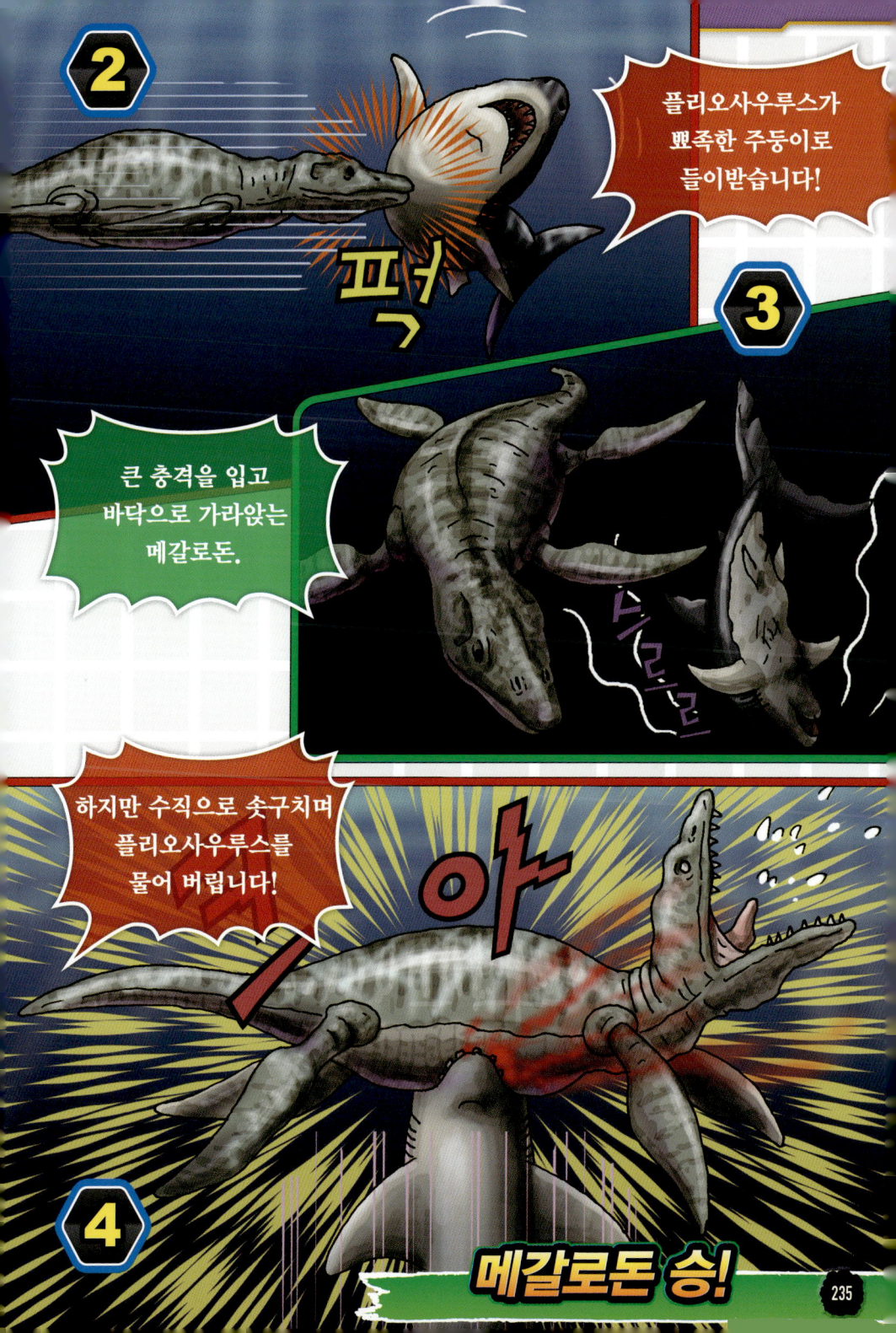

이크티오사우루스의 비밀

돌고래처럼 생긴 파충류. 공룡도 수장룡도 아니며 물속에서 살지만 폐로 숨을 쉬는 어룡이다.

이크티오사우루스 물고기 도마뱀

- **크기** 2m
- **먹이** 오징어, 물고기
- **시대** 트라이아스기 후기~쥐라기 전기

유럽에서 발견되었고 세계에서 처음으로 발견된 어룡이다. 배 속에서 알을 부화시켜 새끼를 낳는다.

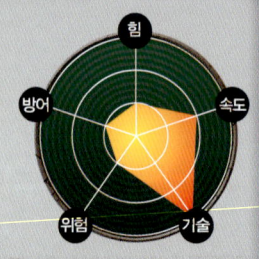

스피드

수직으로 뻗은 꼬리지느러미

돌고래는 꼬리지느러미가 수평 방향이지만, 이 파충류는 상어처럼 수직 방향으로 뻗어 있다.

특수

발이 변한 네 개의 지느러미

돌고래처럼 뒷발이 퇴화한 게 아니라, 수장룡처럼 네 개의 발이 지느러미로 바뀌었다.

트라이아스기 | 쥐라기 | 백악기

물의 저항을 최소화하는 유선형의 돌고래 체형을 지녔으며, 눈동자가 커서 시력이 뛰어났을 것이라고 추측한다.

스테노프테리기우스

▶좁은 날개

- 크기: 3m
- 먹이: 물고기, 오징어
- 시대: 쥐라기 전기

유럽에서 발견되었다. 지느러미 폭이 좁아 자유롭게 움직이기는 어려웠으나 빠른 속도로 헤엄칠 수 있었다.

쇼니사우루스

▶ 쇼쇼니산의 도마뱀

| 크기 | 15m | 먹이 | 고기 |

| 시대 | 트라이아스기 전기 |

미국 쇼쇼니 산맥에서 발견되었다. 체중이 35t 이상 나간 최대급 어룡. 거대한 지느러미로 천천히 헤엄친 것으로 보인다.

옵탈모사우루스

▶ 눈 도마뱀

| 크기 | 6m | 먹이 | 오징어 |

| 시대 | 쥐라기 중기~후기 |

영국과 미국 등지에서 발견되었다. 눈동자가 큰 어룡 중에서도 눈이 유난히 크다. 뒷지느러미가 작아졌다.

킴보스폰딜루스

▶ 보트를 닮은 등뼈

| 크기 | 10m | 먹이 | 고기 |

| 시대 | 트라이아스기 중기부터 후기 |

유럽과 북미에서 발견되었다. 어룡 중에서 몸이 가장 길며, 등지느러미가 없는 원시적인 체형이었다.

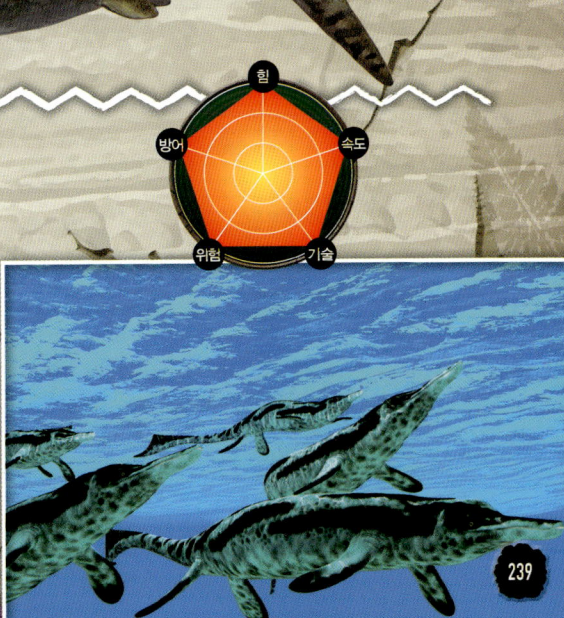

신체 비밀을 파헤치다

이크티오사우루스는 바다에서 어떻게 생활했을까?

수영의 비밀

고속으로 헤엄치며 오징어를 잡았다!

몸을 좌우로 흔들며 꼬리지느러미로 헤엄쳤다. 최대 속도가 50km 이상이었다는 설도 있다.

돌고래를 닮은 체형
전체적으로 돌고래를 닮았다. 돌고래와 유사하게 생활한 것으로 보아, 다른 생물이라도 비슷하게 진화한 경우가 있음을 밝혀 주는 예다.

화석의 비밀

구멍이 난 원반 모양의 뼈
수압으로부터 커다란 눈을 지키는 '공막고리뼈(Sclerotic Ring)'다.

이크티오사우루스의 머리뼈
눈동자가 머리뼈에 꽉 들어찰 정도로 컸다.

커다란 눈동자로 살피다
돌고래는 초음파로 물체를 판별했지만, 어룡은 커다란 눈동자 덕분에 햇빛이 안 닿는 어두운 바닷속에서도 주위를 살필 수 있었다.

가상 배틀 35

엄청난 체격 차이를 뛰어넘어 이크티오사우루스가 거대한 모사사우루스를 이길 수 있을까?

바다 파충류 대결

VS ➡P236

이크티오사우루스

분류	시대	무게
어룡류	중생대 트라이아스기~쥐라기	90kg

모사사우루스

분류	시대	무게
바다도마뱀류	중생대 백악기	5t

1 모사사우루스, 이크티오사우루스를 꿀꺽하려고 합니다!

가상 배틀

사상 최대의 바다 생물인 샤스타사우루스 앞에서는 거대한 범고래도 갓난아이처럼 보인다.

바다의 제왕 대결

VS

샤스타사우루스

분류	시대	무게
어룡류	중생대 트라이아스기	100t

범고래

분류	시대	무게
포유류	현대	5t

1

거대한 샤스타사우루스의 배지느러미를 물어뜯는 범고래!

특집: 테크니컬 파이터

지금은 만날 수 없지만 과거 지구에 살았던 재주 많은 동물들. 빼어난 능력으로 공룡마저 위협했던 테크니컬 파이터를 소개한다.

❗ 특수

탄탄한 몸

몸이 단단하고 튼튼하여, 땅 위에서도 버틸 수 있었던 것으로 보인다. 단, 몸이 무거워 지상에서 긴 시간을 보내지는 않았을 것이다.

이크티오스테가 — 지붕이 있는 물고기

| 크기 | 1.5m | 먹이 | 고기 | 시대 | 데본기 후기 |

그린란드에서 발견되었고 육지로 올라온 최초의 척추동물이다. 갈비뼈가 발달해 몸을 지붕처럼 보호했다. 데본기를 대표하는 양서류다.

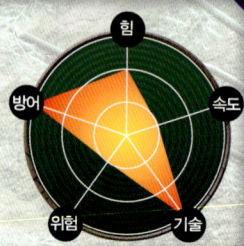

특수

일곱 개의 발가락

뒷발에 일곱 개의 발가락이 있었으며, 아마 물갈퀴도 달렸을 것이다. 앞발 화석은 아직 발견되지 않아 발가락 수가 밝혀지지 않았다.

아노말로카리스

▶이상한 새우

크기	2m
먹이	고기
시대	캄브리아기

특수한 능력을 가진 테크니컬 파이터는 공룡까지 위협하는 괴물들이다.

북미와 중국에서 화석이 발견되었다. 추정 체중은 70kg이며, 캄브리아기 최대, 최강의 동물이었다. 커다란 눈으로 사냥감을 찾은 뒤, 새우 꼬리처럼 생긴 촉수로 사냥했던 것으로 보인다.

헤스페로르니스
▶ 서쪽의 새

| 크기 | 2m | 먹이 | 물고기 |

| 시대 | 백악기 후기 |

미국에서 발견되었다. 하늘을 날지 않고 바다에서 물고기를 잡아먹는 점에서 펭귄과 비슷하지만 펭귄보다 몸집이 더 크고 부리에 작은 이빨이 나 있었다.

오파비니아
▶ 오파빈 생물

| 크기 | 7m | 먹이 | 고기 |

| 시대 | 캄브리아기 |

캐나다 오파빈 길에서 발견되었다. 다섯 개의 눈을 가진 고생대의 사냥꾼이다. 청소기 호스 같은 주둥이 끝에 달린 집게로 먹이를 잡아 머리 아래에 있는 입으로 운반했다.

디플로카울루스
▶ 두 개의 돌기

| 크기 | 1m | 먹이 | 고기 |

| 시대 | 페름기 |

미국과 모로코에서 발견된 양서류. 머리 양 끝에 부메랑 모양의 두 개의 돌기가 나와 있는데, 어떤 역할을 했는지는 아직 밝혀지지 않았다.

가상 배틀 37

원시적인 조류와 양서류의 대결.
두 선수 다 수영이 특기다!

수륙 양용 대결

헤스페로르니스 ➡P249

분류	시대	무게
조류	중생대 백악기	25kg

VS

이크티오스테가 ➡P246

분류	시대	무게
양서류	고생대 데본기	10kg

1

수면에 떠 있는 이크티오스테가를 헤스페로르니스가 물속에서 쫓아갑니다.

② 날카로운 이빨로 꼬리를 물어 버리는 헤스페로르니스!

③ 이크티오스테가를 물 밖으로 끌어냅니다!

질질

④ 이크티오스테가 승!

앗! 가만히 있던 이크티오스테가가 기습해 헤르페로르니스를 통째로 삼킵니다.

가상 배틀

고생대 바다의 최강 사냥꾼이었던 두 생물의 격돌! 과연 승자는?

고생대 거대 동물 대결

➡P248

아노말로카리스

분류	시대	무게
아노말로카리스류	캄브리아기	70kg

아쿠티라무스

분류	시대	무게
바다전갈류	실루리아기~데본기	140kg

1

아쿠티라무스가 모랫바닥에서 아노말로카리스를 노립니다!

세계에서 발견된 공룡 지도

- 이구아노돈 / 유럽 → P42
- 메갈로사우루스 / 유럽
- 시조새 / 유럽 → P132
- 벨로키랍토르 / 아시아 → P206
- 타르보사우루스 / 아시아 → P20
- 테리지노사우루스 / 아시아 → P198

일본에서 발견된 공룡은 → P140

- 스피노사우루스 / 아프리카 → P70
- 켄트로사우루스 / 아프리카 → P160
- 사바나사우루스 / 호주
- 크리올로포사우루스 / 남극 → P117

티라노사우루스나 트리케라톱스 등 유명한 공룡은 대부분 북미 서부 지역에서 발견되었다. 또, 20세기 말에 깃털이 달린 공룡 화석이 발견된 이후 중국과 몽골에서 새로운 공룡 화석을 잇달아 발굴했다.

- 티라노사우루스 | 북미 ➡P18
- 스테고사우루스 | 북미 ➡P158
- 트리케라톱스 | 북미 ➡P58
- 안킬로사우루스 | 북미 ➡P176
- 아르젠티노사우루스 | 남미 ➡P30
- 기가노토사우루스 | 남미 ➡P52

● **편자**　**아마나/네이처 & 사이언스**
동물, 식물, 우주 등 자연과학을 전문으로 하는 기획 제작 집단. 아이부터 어른까지 폭넓은 독자층을 대상으로 아름다운 이미지와 과학적 근거를 바탕으로 한 여러 작품을 만들었다. 지은 책으로는 『외래 생물 도감』(호루푸출판), 『일본의 아름다운 빛깔의 새』(X-Knowledge), 『유감스러운 생물 사전』(타카하시서점), 『이런 점도 있었어?』(세이분도신코샤), 『세상에서 가장 아름다운 눈, 깡충거미』(나츠메샤), 『싸우는 동물 대백과』(코믹컴) 등이 있다.

● **역자**　**최진선**
이화여자대학교 문헌정보학과를 졸업했다. 학창 시절부터 일본 애니메이션 및 만화, 소설, 드라마, 뮤지컬 등을 두루 섭렵했다. 십수 년 동안 출판사에서 편집자로 근무했으며, 현재는 프리랜서 번역가로 활동 중이다. 번역한 책으로 『프린세스 시리즈』, 『만화로 배우는 정리 정돈』, 『위험 생물 공포 백과』, 『괴짜 생물 절규 백과』, 『싸우는 곤충·동물 대백과』(코믹컴) 등이 있다.

● **일러스트**　핫토리 마사토, 마카베 아키오
● **사진 제공**　Getty Images, amana images, 무카와쵸 호베츠 박물관, Kanna Dinosaur Center
● **디자인**　시바 토모유키(Studio Dunk)
● **집필 협력**　마루야마 타카시
● **편집 협력**　아라이 타다시(아마나 / 네이처 & 사이언스)

코믹컴

싸우는 공룡 대백과 공룡 최강왕 결정전

편자 아마나/네이처 & 사이언스
역자 최진선
찍은날 2018년 3월 5일 초판 1쇄
펴낸날 2025년 7월 7일 초판 3쇄
펴낸이 홍재철
편집 이혜원
디자인 박성영
마케팅 황기철·안소영
펴낸곳 루덴스미디어(주)
주소 경기도 고양시 일산동구 무궁화로 43-55, 604호(장항동, 성우사카르타워)
전화 031)912-4292 | 팩스 031)912-4294
등록 번호 제 396-3210000251002008000001호
등록 일자 2008년 1월 2일

ISBN 979-11-88406-27-2 76490
ISBN 978-89-94110-83-7(세트)

결함이 있는 책은 구입하신 곳에서 바꾸어 드립니다.
값은 뒤표지에 있습니다.

이 도서의 국립중앙도서관 출판시도서목록(CIP)은 e-CIP홈페이지
(http://www.nl.go.kr/ecip)에서 이용하실 수 있습니다. (CIP제어번호 : CIP2018006591)

Original Japanese title : TATAKAU KYOURYU DAIHYAKKA KYOURYU SAIKYOUOU KETTEISEN
Copyright © 2017 by Seito-sha Co., Ltd.
Original Japanese edition published by Seito-sha Co., Ltd.
Korean translation rights arranged with Seito-sha Co., Ltd.
through The English Agency (Japan) Ltd. and Eric Yang Agency, Inc